PENSER MANAGEMENT
PRATIQUES ET MÉTHODES DE DÉPLOIEMENT D'UNE POLITIQUE MANAGÉRIALE

Groupe Eyrolles
61, bd Saint-Germain
75240 Paris Cedex 05

www.editions-eyrolles.com

David Autissier
Sébastien Houlière
Alexandra Lange

Penser management

Pratiques et méthodes de déploiement d'une politique managériale

EYROLLES

Sommaire

Partie I
Penser management

Partie II
Développer une politique managériale

Partie III
Six ans de politique managériale dans le groupe AG2R LA MONDIALE

Introduction

Le manager est devenu le sujet de toutes les attentions. Dans un contexte de changement, les dirigeants en ont fait le maillon fort de leur chaîne hiérarchique. Il constitue un noyau de commandement, mais surtout un pivot de changement. C'est par lui que le changement est compris, expérimenté et déployé par l'ensemble des salariés. C'est aussi lui qui peut, en raison de sa connaissance du terrain, faire bouger les lignes dans une logique d'innovation émergente.

Fort de ce constat, que fait-on en direction de ces derniers pour à la fois les positionner dans leur rôle de traducteur/opérateur du changement et leur donner tout l'accompagnement nécessaire qu'ils souhaitent ? Certes, il existe des dispositifs de formation et de coaching dont les modalités parfois standardisées et théoriques ne sont pas toujours à la hauteur des attentes.

Le manager veut exister autrement dans l'entreprise. Il souhaite bénéficier d'un positionnement et d'éléments de reconnaissance à la hauteur de son investissement. Il souhaite aussi être accompagné de manière opérationnelle dans une logique participative d'apprenance dans laquelle il est partie prenante.

L'accompagnement du management devient une question transverse. Tout comme l'entreprise développe des politiques commerciale, financière, qualité, etc., nous préconisons la mise en place d'une politique managériale. Ce livre développe le concept de politique managériale et ses modalités de déploiement, en s'appuyant notamment sur l'observation du cas du groupe AG2R LA MONDIALE.

Dans une première partie, nous évoquons l'évolution du rôle de manager dans les entreprises. Dans une deuxième partie, nous explicitons le concept de politique managériale et son processus de déploiement. La troisième partie présente l'étude de cas d'AG2R LA MONDIALE qui a, au cours des six dernières années, mis en place différentes briques d'une politique managériale.

01 PARTIE

Penser
management

Nous avons intitulé cet ouvrage *Penser management* à la fois pour souligner l'importance du management dans le fonctionnement des entreprises et pour illustrer l'enjeu que représente sa professionnalisation.

Loin de constituer un savoir divin dont seuls certains seraient dotés, le management est une compétence à la fois technique et comportementale pour laquelle il est possible d'envisager des plans de progrès et de professionnalisation. À cet égard, nous affirmons d'emblée que « le management ne s'apprend pas, il se réapprend ». En effet, progresser dans ce domaine requiert une première expérience, véritable prise de conscience de ce qu'est réellement le management et compréhension de ses éléments constitutifs en fonction du contexte.

Dans notre acception, le management est l'*acte de faire collaborer plusieurs personnes dans un contexte finalisé et contraint*. Il ne saurait donc aller de soi, tant il fait intervenir des facteurs dits humains (sensibilité de chacun, appréhension de la relation à l'autre, autorité, etc.) mais aussi organisationnels, plus rationnels (organisation des ressources, mesure des résultats, etc.).

Chaque contexte étant spécifique, plutôt qu'une règle générale qui serait peu pertinente, nous proposons de recenser les bonnes pratiques. De la même façon, il n'existe pas à nos yeux de « bon management », mais plutôt des capacités de management en fonction des personnes en présence et des situations à traiter.

En l'occurrence, cette première partie de l'ouvrage a pour objectif de fournir des repères sur le management et les manières de le penser, pour permettre à tout manager d'interroger ses compétences actuelles et futures. Nous l'avons organisée en deux chapitres.

Le premier, intitulé « Le manager intrapreneur », pose les jalons du périmètre du management et passe en revue ce qu'est censé faire un manager. Le second fait un détour par les origines de la notion de management en théorie des organisations, afin de mieux appréhender les préoccupations actuelles des managers.

Plus aucune entreprise ne peut se reposer sur sa seule compétence technique. Elle est tenue, en complément de cette dernière, de développer sa compétence managériale. Par ailleurs, la production ne suffit pas. Plus que le résultat enregistré à un instant donné, la dynamique de production et de renouvellement permanent est primordiale. Enfin, le manager ne doit pas être le meilleur des techniciens, mais celui qui sait concevoir et déployer des dynamiques collectives. Car l'objectif du management est précisément de tisser les liens du collectif qui donnent du sens aux aventures que vivent ensemble les personnes qui constituent l'organisation.

« Penser management » apparaît alors comme une condition de bon fonctionnement d'une organisation, pour ne pas dire la condition du développement et de la réussite entrepreneuriale. Et vous, pensez-vous management ?

Le manager intrapreneur

Le management est une activité autant comportementale que technique. Pensé initialement comme une expression de contrôle dans le cadre d'une relation « commande/contrôle », il est devenu une fonction à la fois constituante et structurante de l'organisation. Les contraintes de complexité ainsi que les évolutions sociologiques et sociétales actuelles tendent encore à modifier ce rôle. Le manager n'est plus uniquement un contrôleur, mais ce que nous appelons un « intrapreneur ».

Le manager au cœur de la complexité organisationnelle

Dans les années 1930, Henri Fayol définit le management au travers des cinq objectifs suivants :

- prévoir ;
- organiser ;
- commander ;
- coordonner ;
- contrôler.

Cette définition s'inscrit dans le modèle « contrôle/commande ». Le manager est celui qui décrit ce qui doit être fait, puis s'assure de sa réalisation à travers différents dispositifs de contrôle. Le management est envisagé comme une démarche contractuelle et le manager comme une tour de contrôle. Cette conception, élaborée dans une logique taylorienne, trouve ses limites dans le contexte actuel.

Pour filer cette métaphore, le manager d'aujourd'hui n'est plus seulement une tour de contrôle, mais un véritable *hub* (noyau) de connexions entre des personnes et des contextes, permettant la production, le pilotage et l'innovation, tout en veillant au bien-être des individus. Le rôle initial de « simple » contrôleur s'est complexifié de telle manière que le management est constitué de plusieurs facettes sur les plans à la fois opérationnel, économique et humain.

Cette évolution s'explique par l'obsolescence des quatre principes tayloriens à l'origine du modèle de management « contrôle/commande » que sont la prévisibilité de l'activité, la causalité simple de la motivation, la hiérarchisation des circuits d'information et la durée des cycles économiques. Progressivement, la perception du management et ce qui est explicitement attendu du manager ont évolué.

- Le *principe de prévisibilité* : selon ce principe, le passé expliquerait le présent et prévoirait l'avenir. Mais l'incertitude des marchés financiers, la mondialisation et les phénomènes de crises sont autant d'éléments qui bousculent les environnements et limitent les prévisions. Le manager n'est donc plus celui qui instruit une trajectoire stable dans le temps, mais celui qui explique et trouve des solutions aux mouvements erratiques des marchés et de l'entreprise.

- Le *principe de causalité simple de la motivation* : selon le modèle de Maslow, le salarié est motivé si l'entreprise lui permet de satisfaire ses besoins. Depuis, la littérature comportementale (*behaviorism* de March) comme la littérature systémique (Bateson) ont montré que les comportements étaient le résultat d'une combinaison d'éléments, tant rationnels qu'affectifs. Dès lors, dans son rôle de producteur de motivation, le manager ne doit plus appliquer la même règle à tout un groupe de salariés mais traiter chacun de manière quasi singulière.

- Le *principe de hiérarchisation des circuits d'information* : dans le modèle taylorien, le manager est celui qui transmet l'information à ses collaborateurs. Désormais, le développement des technologies de l'information (e-mails, intranet, réseaux sociaux, blogs, etc.) et la diminution du nombre de niveaux hiérarchiques se traduisent par des communications toujours plus transversales, hors des circuits hiérarchiques. Le manager n'est plus celui qui transmet des informations, mais celui qui donne du sens aux flux d'informations qui traversent son périmètre de responsabilités.

- Le *principe de cycles économiques lents* : deux types de cycles peuvent être distingués dans le fonctionnement des entreprises : le cycle de la production et le cycle du changement au regard des exigences de l'environnement. Au cours du xxe siècle, le cycle du changement était relativement lent, de l'ordre de trois à cinq ans, avec des cycles de production eux-mêmes stables et connus à l'avance. Puis progressivement, la pression concurrentielle a conduit les entreprises à raccourcir leurs cycles de production pour être en phase avec les attentes de leurs clients. Les cycles de changement se sont raccourcis également. La loi de Moore l'illustre bien, qui avance l'idée que la capacité des processeurs informatiques double tous les dix-huit mois, créant ainsi une nouvelle technologie à cette même échéance ainsi qu'une nouvelle configuration concurrentielle obligeant les entreprises à se transformer tous les dix-huit mois également, étant entendu que la plupart des projets de changement nécessitent des temps compris entre douze et vingt-quatre mois. Le manager ne produit pas un changement tous les cinq ans mais il est le relais et le producteur permanent du changement, tout en réalisant l'acte de production qui lui-même se transforme.

Compte tenu de ces évolutions, le manager serait en théorie un véritable mouton à cinq pattes. Il organise, contrôle, anime, innove, accompagne et est à l'écoute tant du marché que de l'entreprise et des salariés, tout en permettant la réalisation des enjeux économiques de l'organisation et le bien-être des personnes. Certes, dans les faits, chaque manager effectue ces différentes missions de façon plus ou moins développée et consciente. Quoi qu'il en soit, la fonction de manager est avant tout un exercice de gestion de contraintes opérationnelles. Ainsi, dès lors qu'un manager n'est pas en mesure d'anticiper et de trouver les réponses aux besoins et contraintes de son organisation, il peut en être rapidement écarté – que ce soit par sanction ou par marginalisation.

Certains remplissent très bien les fonctions de manager, sans même le savoir. D'autres en revanche, probablement même la plupart des managers, bénéficient d'une réelle marge de progrès en la matière. Dans cette situation, seule la confrontation entre les fonctions théoriques du management et la réalité des pratiques permet d'en prendre conscience.

Ces fonctions théoriques peuvent être décrites par des définitions fonctionnelles, notamment celle d'Henri Fayol, mais également par diverses typologies des styles de management. Pour notre part, nous considérons que le schéma de « la double boucle du manager » (*cf.* ci-dessous) est celui qui permet d'appréhender au mieux le rôle de manager, ce dernier ayant pour mission de remplir à la fois une fonction de gestionnaire et une fonction de leader. Et pour cause, tout manager a en charge :

- l'organisation de l'activité qui lui est confiée et dont il a la responsabilité ;
- le contrôle de cette activité ;
- l'animation de ses collaborateurs ;
- l'identification et la mise en œuvre de relais des changements et d'un fonctionnement en changement permanent ;
- la prise de décision ;
- la délégation des tâches, des activités et des responsabilités de ses équipes ;
- le pilotage de la performance en termes d'efficacité (réalisation de la stratégie) et d'efficience (au moindre coût).

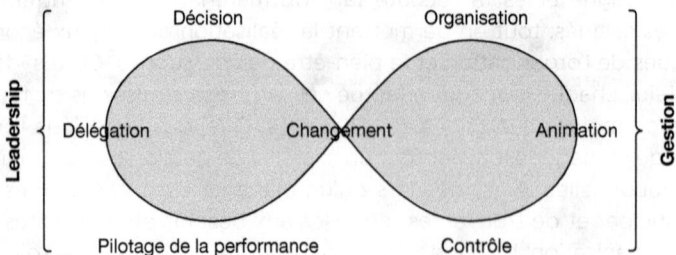

La double boucle du manager

Décision   Organisation

Leadership

Délégation   Changement   Animation

Gestion

Pilotage de la performance   Contrôle

Parmi les nombreuses typologies du style de management d'une personne et de ses interactions avec ses collaborateurs, la plus connue est celle dite du MBTI (Myers Briggs Type Indicator). Développée en 1962 par Isabel Briggs Myers et Katherine Cook Briggs, elle prend la forme d'un test psychologique permettant de déterminer seize types psychologiques au regard des quatre grands axes que sont la manière d'être (extraverti/introverti), la manière de recevoir une information (sensation/intuition), la manière de prendre les décisions (rationnel/affectif) et la manière d'agir (jugement/perception). Cette typologie comportementale relève plus du champ de la psychologie et du développement personnel que de techniques gestionnaires. Depuis, des versions simplifiées et plus opérationnelles du MBTI proposent les typologies suivantes :

- « rationnel – affectif – créatif – producteur » ;

- « légitimiste – rebelle – mercenaire – sergent » ;

- « injonctif – empathique – constructif – diva ».

Il importe de ne pas envisager cet ensemble de grilles de lecture comme des définitions exhaustives, mais comme des outils de lecture des pratiques de management.

Le dur, le mou et le flou

Quel style de management est le plus approprié ? Le style est-il déterminé par la personnalité de chacun ? Est-ce une pratique qui s'acquiert et se développe ? Quelles sont les bonnes pratiques en termes de management ? Autant de questions que doit se poser tout manager en poste, qui s'interroge sur ses capacités à manager et ses possibilités de professionnalisation en la matière.

Quiconque s'est déjà trouvé en situation de management sait qu'il n'existe pas de réponse unique à ces questions, mais différentes pratiques en fonction du contexte – le contexte étant ce qui, à un moment donné, conditionne l'action de personnes entre elles. Et pour cause, le style de management à mobiliser doit être adapté au regard des attentes des individus qui constituent l'organisation et des obligations qui pèsent sur le collectif. Pour citer cet exemple, l'urgence peut justifier une injonction qui serait perçue comme inappropriée, voire violente, dans un autre contexte.

En l'occurrence, les travaux d'Autissier et Vandangeon (2007 et 2010)[1] avancent l'idée que trois principaux styles de management peuvent être mobilisés en fonction des attentes des collaborateurs et des actions à mener collectivement : le dur, le mou et le flou.

- *Le dur* : c'est l'imposé, le non-négociable. Ce style de management relève du registre de l'injonction. Le manager demande à ses collaborateurs de réaliser quelque chose de manière contrainte et sans aucune marge de manœuvre ni en termes de planning ni en termes de réalisation. Cette posture managériale n'est acceptable et acceptée qu'à deux conditions. D'une part, les collaborateurs doivent l'envisager comme un gage de sécurité décisionnelle. D'autre part, le manager doit avoir démontré sa légitimité, c'est-à-dire sa capacité à user de cette posture dans les moments clés qui la justifient.

- *Le mou* : c'est une forme de cadrage dans le temps, allié à une certaine liberté d'action. Le manager fixe des objectifs et un planning. Les collaborateurs sont libres de définir les modalités d'action qui leur permettront d'atteindre ces objectifs dans le respect des délais impartis. Le cadre est imposé, mais les individus disposent d'une liberté plus ou moins grande pour la réalisation de l'action. Pour illustrer cette manière de faire, on parle souvent de pilotage par les résultats.

- *Le flou* : c'est une totale liberté laissée aux collaborateurs. Le manager n'intervient pas. Parfois même, il ne souhaite pas savoir comment agissent ses collaborateurs, considérant que c'est un jardin secret qui doit être laissé à leurs mains.

Ces trois styles de management peuvent être alternés en fonction des situations, des individus et des contraintes. Si les typologies psychologiques tendent à considérer que le management répond à un mode de fonctionnement structurel, celle du dur, du mou et du flou préconise une capacité à alterner différents styles ou modes d'action suivant les contextes.

---

1. Autissier D., Vandangeon-Derumez I. (2010), « La capacité à changer d'une organisation, une étude exploratoire sur trois ans d'expérimentation en gestion du changement », AIMS, 2010, Luxembourg.
Autissier D., Vandangeon-Derumez I. (2007), « Les managers de première ligne et le changement », *Revue française de gestion*, n° 33/174, p. 115-130.

Le manager intrapreneur

Cette façon d'appréhender la problématique managériale que nous avons développée nous a conduits à proposer une nouvelle grille de lecture. Celle-ci privilégie deux dimensions – le changement et le leadership –, qui nous paraissent être les axes de compétences actuellement les plus sollicités dans le domaine du management.

Le croisement des axes « Changement » et « Leadership » permet d'identifier quatre types de manager : l'intrapreneur, l'innovateur, le stabilisateur et l'animateur.

Le *manager intrapreneur* est celui qui développe une pratique caractérisée tant par le changement que par le leadership. Il n'a de cesse d'embarquer ses équipes dans des projets de changement, en s'y impliquant personnellement. Il consacre une large part de son temps à échanger avec ses collaborateurs sur leurs souhaits mais aussi sur leurs représentations des différentes situations de travail. Il cherche en permanence à faire plus et autrement, mais aussi à enclencher des projets dans une logique d'amélioration continue.

Le *manager innovateur* est avant tout un manager du changement, avec un leadership plus faible que celui du manager intrapreneur. À la différence de ce dernier, il initie et fait la promotion des changements sans systématiquement se soucier de leur déploiement. Il avance beaucoup d'idées, mais ne les partage pas toujours avec ses collaborateurs. Quoi qu'il en soit, le manager innovateur est reconnu pour sa capacité de changement.

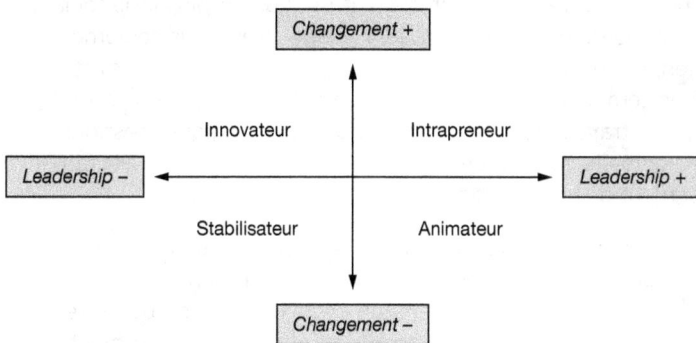

La typologie changement/leadership du management

Le *manager stabilisateur* met en œuvre un mode de management dans lequel les dimensions de changement et de leadership sont peu développées. Il fait ce qui doit être fait de manière propre et sans excès. Il ne cherche pas spécialement le changement et préfère les environnements stables, dans lesquels il exerce son activité à la manière d'un régulateur. Il ne développe pas spécifiquement son leadership non plus, considérant que son statut institutionnel suffit.

Le *manager animateur* montre une pratique caractérisée par un changement faible et un leadership élevé. Ce faisant, il se rapproche de certaines typologies qui évoquent un manager « affectif ». Il est reconnu pour sa proximité avec ses équipes et ses efforts significatifs d'écoute et de compréhension. En revanche, il est peu enclin au changement et a tendance à se satisfaire de ce qui existe.

En résumé, peu importe quel manager vous êtes ! Mais posez-vous la question suivante : ce que vous êtes correspond-il à ce que vous voulez être et, dans le cas contraire, quel est l'écart entre ce que vous êtes et ce que vous souhaitez être ? Les quatre catégories que nous venons de détailler ci-dessus constituent des définitions théoriques qui vous fourniront des repères pour y répondre et vous permettront d'initier, le cas échéant, un dispositif d'apprentissage.

Le manager leader au service du bien-être au travail

La notion de management devient de plus en plus indissociable de celle de leadership. En effet, le manager n'est plus seulement technicien, contrôleur, gestionnaire et animateur. Il est aussi et dans le même temps leader dans un contexte de changement. Il doit organiser le travail de ses équipes dans une logique gestionnaire et contractuelle, tout en créant toutes les conditions d'envie et d'investissement de ses collaborateurs.

Le leader présente la caractéristique de savoir gérer autant les cycles longs que les cycles courts. Tout d'abord, il manie avec aisance les cycles longs. En management, un cycle long constitue un temps de trois à cinq ans au cours desquels se réalisent les grandes transformations de l'entreprise, tant en termes de métier que d'organisation et de culture. S'inscrire dans un cycle long exige une certaine vision de l'entreprise et de sa trajectoire à moyen et long terme. En l'occurrence, le leader est celui qui sait construire son action en comprenant et en prenant en compte ces cycles longs. Il en est également le traducteur et le pédagogue auprès des salariés, en vue de donner en permanence du sens à l'action quotidienne en termes de contribution collective.

Ensuite, le leader est en capacité d'administrer et de réaliser des cycles courts. Ces temps d'action s'échelonnant de quelques jours à quelques mois au maximum sont de nature micro, consomment des ressources et produisent des résultats opérationnels immédiats. Le leader doit savoir mettre en œuvre l'organisation permettant de s'assurer de l'existence de cycles courts et de leur bonne conduite.

Au total, le manager leader situe son action à la fois dans les cycles longs et courts, passant de l'un à l'autre pour qu'ils s'alimentent et se complètent. Il agit en expliquant pourquoi, de telle manière que ses actions d'aujourd'hui créent les résultats de demain et l'entreprise d'après-demain. Ce faisant, le manager est un leader dans sa capacité à prendre des responsabilités tant sur le plan de la production que sur celui du bien-être des personnes.

La montée en puissance de la notion de responsabilité

Le plus petit commun multiple à tous les managers est la notion de responsabilité.

Qu'il soit seul, avec une petite équipe ou encadrant plusieurs centaines de collaborateurs, le manager doit s'organiser au regard d'une ou plusieurs responsabilités dont il a la charge : production, mais aussi et surtout développement de l'entreprise et des hommes. Il n'est pas un simple producteur, mais celui qui organise la production et veille à ce qu'elle soit opérée de manière performante et durable. C'est d'ailleurs cette part de responsabilité supplémentaire qui justifie l'écart de rétribution entre le manager et le non-manager.

Être responsable, c'est faire tout son possible pour concrétiser les prévisions, dans un souci constant d'efficacité. Il ne s'agit pas tant de mobiliser des techniques métiers ou des compétences gestionnaires que des capacités de résolution de problème et de discernement sur l'important et l'urgent. La notion de responsabilité se manifeste dans l'action, mais aussi et surtout dans les conséquences de celle-ci. Ainsi, le manager s'engage quant aux résultats attendus de son action et est appelé à rendre compte de la réalisation de cette action.

L'émergence du bien-être au travail

La notion de risques psychosociaux (RPS) a permis de mettre sur le devant de la scène l'importance de l'humain et de la santé psychologique et physiologique des individus dans le cadre de leur travail. Parfois trop mobilisée dans une logique de couverture de risques, elle pose néanmoins la question de la qualité des conditions de travail et du bien-être des salariés. Différentes études, au titre desquelles le « Baromètre du bien-être » publié dans *La Tribune*, montrent l'appétence des salariés pour cette problématique qui associe, à leurs yeux, les exigences de bien-être individuel et de performance collective.

De nombreux auteurs évoquent le concept de RPS au travers des sigles BET (bien-être au travail), WBW (*well-being at work*) ou encore QVT (qualité de vie au travail). Une revue de la littérature – fournie – sur ce sujet permet d'avancer quatre facteurs de bien-être au travail :

- le bien-être vital, entendu à la fois comme santé au travail et gestion des phénomènes de stress ;
- le sens, qui permet de nourrir la perception d'utilité et l'importance accordée au travail ;
- le bien-être organisationnel, qui évalue les conditions matérielles de travail ;
- le bien-être relationnel, qui traite de la qualité des relations et de l'ambiance entre les personnes au quotidien.

Enquête IPSOS Julhiet sur le bien-être au travail

64 % des salariés interrogés se déclarent satisfaits de leur bien-être au travail. Ce chiffre est de 73 % pour les cadres et de 59 % pour les ouvriers, de 67 % pour les entreprises de moins de dix salariés et de 55 % pour celles de plus de cinq cents salariés.

Les facteurs du bien-être sont par ordre décroissant d'importance : le travail en équipe, la convivialité sur le lieu de travail et la compréhension du métier et des problèmes.

Les facteurs d'absence de bien-être sont, par ordre d'importance : le rythme de travail, les rapports avec la hiérarchie et le rapport vie personnelle/vie professionnelle.

Les sources d'inquiétude sont, par ordre d'importance : l'adéquation entre le travail et la rémunération, les perspectives d'évolution professionnelle et la possibilité d'être soutenu en cas de mal-être.

62 % des salariés interrogés déclarent avoir un niveau de stress élevé et que celui-ci se matérialise principalement, par ordre d'importance : une intense fatigue, des troubles de dos et musculo-squelettiques, des émotions négatives et pénibles telles que l'angoisse et l'irritabilité.

60 % des personnes interrogées manquent de visibilité quant à leur évolution professionnelle et de signes tangibles de reconnaissance.

Le risque de *burn-out* est cité par 67 % des personnes interrogées.

Les salariés en détresse représentent 11 % de la population salariée.

54 % des salariés interrogés déclarent ne pas savoir à qui s'adresser en cas de difficultés de type psychologique.

Les trois actions demandées pour accroître le bien-être sont :

• donner de la visibilité sur l'évolution professionnelle ;

• améliorer le confort du poste de travail ou les espaces de détente ;

• dégager du temps pour discuter en équipe des améliorations à apporter au travail pour réduire le stress, les conflits.

25 % des salariés interrogés souhaitent que le sujet bien-être soit traité par leur entreprise. Ce chiffre est de 40 % dans les entreprises de plus de cinq cents salariés.

Source : http://www.bernardjulhiet.com/

Manager ou manager de managers ?

Il n'existe pas de manager générique, mais autant de types de managers que de personnes. Cela étant, dans une logique gestionnaire, il est important de dresser une typologie avec des groupes homogènes de responsabilités et de fonctionnement. En l'occurrence, les catégories de managers les plus courantes sont :

- la direction générale (le directeur général et ses proches adjoints) ;
- le comité de direction (les directeurs dont le niveau hiérarchique précède directement celui de la direction générale) ;
- les managers de deuxième ligne (qui encadrent des managers) ;
- les managers de première ligne (qui encadrent des équipes, parfois relayés par des animateurs d'équipe. Ils sont aussi appelés managers opérationnels) ;
- les animateurs d'équipe.

En moyenne, 80 % des managers sont des managers de première et deuxième ligne, parfois appelés « MPL » et « MDL ». Les premiers sont le plus souvent des managers d'équipe, parfois relayés par des animateurs d'équipe, tandis que les seconds sont plutôt managers de managers.

Ainsi que nous l'avons vu plus haut, être manager, c'est savoir organiser une activité afin qu'elle se réalise dans les meilleures conditions techniques, financières et humaines, tout en créant une dynamique positive. Être manager de managers requiert les mêmes exigences, auxquelles s'ajoutent des pratiques de reporting et de délégation.

Pour résumer

Le manager contrôleur a cédé la place au **manager intrapreneur**. L'important n'est pas tant de contrôler que de susciter et conduire le changement, mais également de motiver les équipes.

Le manager est celui par qui passe et se crée la **dynamique organisationnelle** qui permet à l'entreprise de s'adapter et de se développer. Dans cette acception, il n'est donc pas celui qui transmet, mais celui qui **crée les conditions du changement et du bien-être au travail**.

Des origines du management aux préoccupations actuelles des managers

« Il n'est de richesse que d'hommes », écrivait déjà au XVIᵉ siècle le philosophe français Jean Bodin. En actualisant et contextualisant cette formule au monde de l'entreprise, nous pourrions affirmer aujourd'hui qu'il n'est de richesse que de femmes et d'hommes organisés collectivement – étant entendu qu'un collectif se distingue d'un groupe de personnes prises isolément par une finalité commune et la mise en œuvre d'éléments de régulation. Cela vaut pour tout collectif, qu'il s'agisse d'une entreprise ou d'une équipe de sport par exemple. Dans un collectif, les individus respectent les mêmes règles et s'inscrivent dans un dessein commun sans renoncer à leur singularité.

Organisation, coordination et management

La naissance de la « grande entreprise » dans son acception actuelle remonte au XVIIe siècle, marqué par les révolutions industrielles dans les pays occidentaux. Et pour cause, le passage d'une production dite artisanale à une production industrielle a nécessité l'organisation de collectifs de plus en plus importants. L'atelier artisanal d'antan fonctionnant avec quelques ouvriers a progressivement laissé la place à des entreprises regroupant parfois jusqu'à plusieurs milliers de collaborateurs, dispersés sur plusieurs sites. Avec la décomposition des tâches, l'entreprise devient un ensemble de fonctions aux missions spécifiques qu'il convient de coordonner dans le cadre d'une organisation claire et de règles de fonctionnement.

Il est ici intéressant de noter que les entrepreneurs de la révolution industrielle ont en fait reproduit le modèle d'organisation qui existait dans les deux principales organisations collectives de l'époque : l'institution religieuse et l'armée. Et le sociologue Max Weber observe à la fin du XIXe siècle que l'entreprise moderne continue à très largement s'inspirer de l'organisation hiérarchique de l'armée, dans une logique descendante et d'exécution.

Un célèbre texte du Canadien Henry Mintzberg sur la poterie rend compte de la nécessaire évolution des modes de coordination en fonction du nombre de personnes et du périmètre de fonctionnement de l'entreprise.

Évolution des formes organisationnelles d'une poterie

Mme Raku faisait de la poterie dans son atelier aménagé dans le sous-sol de sa maison. Cette activité était composée d'un certain nombre de tâches distinctes : préparation de l'argile, mise en forme, finition, application de vernis et cuisson au four. La coordination entre ces tâches ne présentait aucun problème : Mme Raku faisait tout elle-même. Mais l'ambition et le succès des poteries de Mme Raku étaient la cause d'un problème : le volume des commandes dépassait sa capacité de production.

Elle fut ainsi conduite à embaucher Mlle Bisque qui avait un vif désir d'apprendre la poterie, et il fallut diviser le travail entre elles deux. Comme les boutiques d'artisanat voulaient des poteries faites par Mme Raku, il fut décidé que Mlle Bisque préparerait l'argile et les vernis, Mme Raku se réservant le reste. Et cela demandait une certaine coordination du travail, en fait un problème mineur pour deux personnes travaillant dans un atelier de poterie : il leur suffisait de communiquer entre elles de façon informelle. Cette façon de faire donna de bons résultats, tellement bons d'ailleurs que Mme Raku fut rapidement à nouveau submergée de commandes. Il fallait d'autres assistants. Mais cette fois, Mme Raku décida d'embaucher des personnes qui sortaient de l'école de poterie, prévoyant qu'il leur faudrait un jour faire la mise en forme elles-mêmes.

Ainsi, alors qu'il avait fallu quelque temps pour former Mlle Bisque, les trois nouveaux assistants savaient d'emblée ce qu'il fallait faire et s'intégrèrent très rapidement ; même avec cinq personnes la coordination ne présentait aucun problème. Cependant, avec l'arrivée de deux nouveaux assistants, des problèmes de coordination commencèrent à apparaître. Un jour, Mlle Bisque trébucha sur un seau de vernis et cassa cinq poteries. Un autre jour, Mme Raku s'aperçut en ouvrant le four que les suspensions pour plantes avaient été vernies par erreur de couleur fuchsia. À ce moment, Mme Raku comprit que la coordination entre les sept personnes de son petit atelier de poterie ne pouvait plus être uniquement faite de façon informelle. Dans un groupe de sept personnes, si l'on prend les membres deux à deux, on obtient vingt et une paires différentes – donc vingt et un canaux de communication. À cette difficulté s'ajoutait le fait que Mme Raku, qui se faisait appeler présidente de la Société des céramiques, devait consacrer de plus en plus de son temps aux clients. De fait, on la voyait moins souvent en blue-jeans qu'habillée d'une robe élégante. Elle dut alors nommer Mlle Bisque responsable de l'atelier, chargée à plein temps de la supervision et de la coordination des cinq personnes qui fabriquaient la poterie.

L'entreprise continua à croître. Des changements très importants se produisirent après qu'on eut fait intervenir un consultant en organisation. Sur ses conseils, l'atelier fut réorganisé en quatre lignes de produits – pots, cendriers, suspensions et animaux en céramique –, chaque opérateur était spécialisé dans l'une d'elles : le premier préparait l'argile, le second faisait la mise en forme, etc. La production se fit ainsi sous la forme de quatre chaînes de fabrication. Chacun travaillait en suivant des normes précises, à un rythme qui permettait la coordination de l'ensemble bien entendu. La Société des céramiques ne vendait plus aux boutiques d'artisanat. Mme Raku n'acceptait que les grosses commandes et la plupart des ventes se faisaient à des chaînes de magasins. Les ambitions de Mme Raku étaient sans limites, et quand l'occasion se présenta de diversifier son activité, elle la saisit : tuiles de céramique, garnitures de salle de bains et, enfin, briques d'argile.

L'entreprise fut par la suite organisée en trois divisions : produits de consommation, produits pour la construction, produits industriels. De son bureau situé au 55e étage de la tour de la poterie, elle coordonnait les activités des divisions, analysant leurs performances chaque trimestre et prenant les choses en main lorsque les taux de profit et de croissance n'atteignaient pas les objectifs prévus. Un jour qu'elle était assise à son bureau examinant ces budgets, Mme Raku regarda autour d'elle le paysage des gratte-ciel qui l'entourait et décida de rebaptiser son entreprise Cerami Co.

Source : H. Mintzberg, Structure et dynamique des organisations, *Paris*, *Éditions d'Organisation, 1982, p. 17-18.*

À chacune des différentes étapes de développement identifiées dans ce texte correspondent un style d'organisation et un mode de coordination définis par Mintzberg de la manière suivante.

Style de coordination

L'ajustement informel	Le collectif s'accorde par une communication informelle (paroles, gestes).
La supervision directe	Un responsable hiérarchique (chef d'atelier par exemple) donne des instructions à des subordonnés et contrôle leur travail.
La standardisation des procédés	Les méthodes et les procédures sont consignées en amont. L'exécutant suit la programmation, sans concours d'un tiers.
La standardisation des résultats	Les objectifs à atteindre (tel chiffre de vente dans tel délai, par exemple) sont fixés sans que la méthode à suivre soit spécifiée.
La standardisation des qualifications	Cette méthode est utilisée lorsque le travail nécessite une large autonomie et qu'il est difficile de définir à l'avance les méthodes comme les résultats. La coordination est alors assurée par la spécification de la formation requise pour exécuter la tâche.

Style d'organisation

L'organisation entrepreneuriale (structure simple)	L'organisation se limite à une unité composée d'un ou plusieurs dirigeants et d'un groupe de salariés. Elle fonctionne sur le mode de la supervision directe. C'est le cas de PME ou de start-up.
L'organisation mécaniste (bureaucratie industrielle)	La coordination passe par la standardisation des procédés et des postes spécialisés d'un faible niveau de compétence. Ce type d'organisation se retrouve notamment dans l'industrie automobile.
La bureaucratie professionnelle	La coordination est assurée par la normalisation des compétences, et non des procédés. L'organisation a recours à des opérationnels dûment formés, à qui elle laisse une grande latitude d'action. C'est le cas des hôpitaux, des universités ou des cabinets comptables.
L'organisation divisionnelle	Cette organisation est constituée d'unités définies sur la base des produits ou du marché, contrôlées par une direction générale.
L'organisation innovatrice (adhocratie)	La coordination s'opère par ajustement mutuel au moyen de communication informelle. Elle concerne des activités innovantes et des personnels hautement qualifiés, dans des secteurs comme l'industrie aérospatiale, la pétrochimie, le conseil ou encore l'informatique.

La théorie des organisations pour comprendre les différentes acceptions du management

La question se pose de savoir si le management constitue un ensemble de pratiques testées sur le terrain et/ou des conjectures, lois et paradigmes qui s'inscrivent dans le cadre d'un corpus théorique évoluant au gré des réfutations. Dans les années 1930 s'est constituée une communauté de chercheurs en sciences de gestion dont les travaux visent à construire ce corpus théorique. Qu'en est-il de ce corpus aujourd'hui ?

Dans le domaine de la chimie, la table de Mendeleïev constitue une cartographie essentielle qui permet de disposer de repères clairs. En cartographiant à la fois son périmètre et ses composants, elle fournit une représentation complète et précise des éléments chimiques, favorisant une appréhension tant de l'ensemble que de ses parties.

En sciences de gestion, il est plus difficile de trouver des représentations aussi détaillées et complètes – peut-être parce que le périmètre de ce champ est moins circonscrit et que sa dimension humaine le rend moins « découpable » ? Toutefois, pour mieux comprendre ce que recouvre la théorie des organisations, nous pouvons nous référer à la cartographie des théories de Hatch (1999).

En raison du sujet traité – le fonctionnement humain idiosyncratique et éphémère – les travaux en sciences de gestion doivent souvent préciser leur positionnement paradigmatique afin de classer les différents savoirs produits. Pour sa part, Mary Jo Hatch, dans sa *Théorie des organisations*[1], structure les sciences de gestion en quatre grands paradigmes qu'elle illustre par autant de métaphores.

Les paradigmes de Mary Jo Hatch

Paradigme	Métaphore	Image de l'organisation	Objet	Références
Classique	Machine	Une machine conçue et construite par la direction pour atteindre des buts prédéterminés.	Les effets de l'organisation sur la société. La gestion de l'organisation.	Taylor, Fayol, Weber.
Moderniste	Organisme	Un système vivant qui accomplit les fonctions nécessaires à la survie, en particulier l'adaptation à un monde hostile.	L'organisation à travers des mesures objectives.	Simon, March.
Interprétativiste symbolique	Culture	Un modèle de significations créé et maintenu par l'association humaine *via* des valeurs partagées, des traditions et des coutumes.	L'organisation vue selon des perceptions subjectives.	Berger, Luckman, Weick, Giddens, Selznick.

---

1. Hatch M.J., *Théorie des organisations*, Bruxelles, Éditions De Boeck, 1999.

Paradigme	Métaphore	Image de l'organisation	Objet	Références
Post-modernisme	Collage	Une théorie de l'organisation est un collage de fragments de connaissances et de compréhensions regroupés pour former un nouveau paradigme en référence au passé.	Théorie des organisations et pratiques d'élaboration de théories.	Derrida, Deleuze.

Des managers en questionnement

Dans *Lost in Management*[1], François Dupuy propose une analyse des dérives actuelles du management et de ses effets pervers pour les clients, les salariés mais aussi l'entreprise dans son ensemble. De manière certes quelque peu alarmiste, il dresse un tableau d'entreprises déboussolées engageant des actions d'organisation qui perturbent plus qu'elles ne solutionnent les problèmes auxquels elles sont confrontées.

Des entreprises qui perdent progressivement le contrôle d'elles-mêmes

Pour répondre aux contraintes de marché, les entreprises développent une approche coercitive du management en produisant des processus, des indicateurs, des procédures, du reporting, etc. Ces dispositifs, censés mettre positivement sous tension l'entreprise, provoquent parfois des phénomènes de retrait de la part des salariés, notamment des managers. Face à ce constat, l'auteur affirme que les entreprises ont « laissé filer le travail » en attribuant l'origine de certaines de leurs décisions à des facteurs exogènes (la crise, la mondialisation, etc.) et en avançant l'idée que seul un acteur providentiel – le leader – pourrait trouver des solutions. Cette focalisation

1. Dupuy F., *Lost in Management*, Paris, Le Seuil, 2011.

sur le leader et l'externe a eu pour conséquence de mettre les salariés en situation d'attente et d'impuissance. L'entreprise peut alors être identifiée comme une « boîte » soumise à son environnement et que seul un bon capitaine peut mener à bon port. Cette image simpliste met à mal celle de la nécessaire participation de tous pour identifier des solutions innovantes. Au lieu de préparer le collectif au changement, les entreprises qui « laissent filer le travail » annoncent des grands projets de changement qui se limitent à des effets de communication. Pour François Dupuy, « le changement ne se produit pas quand il est nécessaire mais quand il est possible[1] ».

Le système se bloque pour plusieurs raisons, qui peuvent se cumuler. Soit les décideurs demandent à leurs salariés qui ont jusqu'ici vécu dans un certain confort de faire plus avec moins. Soit ils renforcent le contrôle sans se soucier de son intérêt réel et de ses conséquences indirectes. Soit se crée une bureaucratie que l'auteur qualifie d'intermédiaire et qui développe une complexité superficielle nuisible pour justifier son statut. De tout cela résultent bien souvent un sentiment d'abandon et l'absence de croyance en l'institution entreprise.

Cette nouvelle donne conduit à un fonctionnement en nid-d'abeilles. « Chacun travaille dans son coin, sans trop se soucier des autres, avec des informations qui ne remontent pas plus qu'elles ne redescendent[2]. » Dans ce système, les individus les plus dynamiques développent des comportements opportunistes pour accroître leur performance et leur visibilité dans un souci de gain de pouvoir.

Ce phénomène de perte de repères et d'agitation chronophage n'est circonscrit ni à un lieu ni à une fonction. Pour l'auteur au contraire, la perte de repères serait pleinement répartie – ce qui constitue une difficulté supplémentaire de traitement. « Ce qui se passe est le résultat d'événements et de décisions prises à tous les niveaux, qui se rencontrent aujourd'hui et constituent un carambolage que personne ne contrôle. À l'origine, l'entreprise fonctionnait avec de vrais pionniers, vivant une aventure exaltante correspondant à ce que nous avons appelé l'entrepreneurship. Ces défricheurs étaient par nécessité polyvalents et ne comptaient ni leur temps ni leur énergie.

---

1. *Ibid.*, p. 44.
2. *Ibid.*, p. 85.

Les succès ont été reconnus et récompensés, jusqu'à ce qu'appa-
raisse cette norme de sur-travail qui a ensuite servi de référence et
de mode d'évaluation implicite des nouveaux arrivants[1]. »

L'importance de l'encadrement

En quête de clarté et d'homogénéisation, les entreprises fixent des
objectifs. Pour qu'ils puissent être atteints, elles élaborent et mettent
en place des règles qui, si elles sont indispensables à l'action collective, « ne définissent pas le jeu, mais le structurent. [...] Tout est
contrôlé, rien n'est sous contrôle[2] ».

Les managers opérationnels oscillent entre le retrait et une gestion par l'affectif, en créant des ambiances et des fonctionnements
consensuels. « L'encadrement de proximité détient les clés du succès : il faut le soutenir, le valoriser, lui donner les moyens d'exercer
un pilotage effectif des opérations qui lui sont confiées. Si les entreprises redécouvrent ce thème aujourd'hui, ce n'est pas une surprise,
mais la conséquence de la perte de contrôle généralisée qui conduit
les dirigeants à fuir les bureaucraties dévorantes pour se tourner
vers ce qui est perçu comme une garantie de simplicité[3]. » Plus loin,
l'auteur observe que « ces bureaucraties intermédiaires [...] vivent
de la complexité qu'elles s'évertuent à créer jour après jour et dans
laquelle elles sont les seules à pouvoir donner à penser qu'elles s'y
retrouvent[4] ».

Cette situation, quoique délicate et complexe, n'est pas insurmon-
table dès lors que les managers sont de qualité. « Car, contrairement
aux discours que véhiculent des visions superficielles du monde
de l'entreprise, "ça" ne dépend pas des "hommes", mais des façons
dont ils sont évalués par leurs chefs ou leurs actionnaires, ce qui les
conduit à ces comportements particularistes et à très court terme[5]. »

---

1. *Ibid.*, p. 161.
2. *Ibid.*, p. 154.
3. *Ibid.*, p. 115.
4. *Ibid.*, p. 118.
5. *Ibid.*, p. 108.

Des managers de plus en plus en situation de changement

Autissier et Moutot[1] estiment que l'activité de l'entreprise est réalisée à 80 % en mode récurrent et à 20 % en mode projet et que l'inflation des changements entraînera probablement une nouvelle répartition de l'ordre de 60 % en mode récurrent et 40 % en mode projet. Force est d'ailleurs de constater que cette évolution est déjà en cours, conduisant les entreprises à engager un nombre croissant de projets de changement et à donner les moyens à leurs managers de gérer cette nouvelle donne.

Et pour cause, les cycles stratégiques, technologiques et sociétaux s'accélèrent et sont de moins en moins longs. La stratégie d'entreprise ne s'établit plus à dix ans et laisse la place à des projets à douze/vingt-quatre mois et des plans à trois ans. Pour leur part, les technologies se renouvellent tous les dix-huit mois, conformément aux conjectures de Moore. Les besoins et leviers de motivation de la génération Y sont aussi spontanés qu'éphémères. Toutes ces variables de transformation plongent les entreprises dans une inflation de projets de changement, dont la mise en œuvre repose en grande partie sur les managers et le travail de relais qu'ils effectuent sur le terrain.

Les projets ne représentent plus des événements conjoncturels, mais s'inscrivent pleinement dans l'activité récurrente des entreprises. Leur impact ne se limite plus à une cible technique mais concerne l'ensemble des variables de gestion d'une entreprise, dont les porteurs sont les managers opérationnels.

---

1. Autissier D., Moutot J.-M., *Méthode de conduite du changement*, Paris, Dunod, 3e éd., 2013.

En résumé

La complexité du fonctionnement des entreprises a propulsé le manager technicien contrôleur vers un manager leader et intrapreneur. Les managers sont-ils prêts à endosser ces nouveaux habits ? L'organisation est-elle suffisamment mature pour accepter et développer ce type de managers ? L'enjeu est certes celui de la professionnalisation, mais aussi et surtout de l'évolution culturelle de la gouvernance des organisations et du rôle qu'y jouera le manager.

Le manager n'est pas acteur dans un plan prédessiné, mais responsable dans un plan où il construit lui-même son territoire. Il joue dans un cadre qu'il construit avec le périmètre qui lui convient et qui lui est permis. Ce jeu de frontières floues permet de créer une dynamique organisationnelle créatrice de performance et d'intégration collective.

02 PARTIE

Développer une politique managériale

Le manager est devenu la pierre angulaire de l'organisation et le management un moyen de dynamiser le collectif pour lui permettre de grandir et de traverser les moments difficiles. Il apparaît donc légitime de s'intéresser au management lui-même et à ses porteurs que sont les managers.

Le débat de la place du management dans l'entreprise est alors ouvert. Le management est-il un sous-produit contractuel des enjeux de métiers ou bien un corpus de pratiques et de compétences à promouvoir et entretenir ? Le management est-il une compétence technique parmi tant d'autres ou bien une compétence spécifique et singulière ? Comment alors évaluer le management et détecter les bonnes pratiques afin de les généraliser ?

La première partie de cet ouvrage, « Penser management », a démontré l'importance du management et plus encore la nécessité de s'intéresser aux managers en tant que corps constitué, afin de leur proposer des dispositifs de professionnalisation et d'accompagnement. Que fait-on, dans les entreprises, pour les managers ? Les actions mises en œuvre en la matière revêtent plusieurs formes, de la formation à la gestion de carrière individualisée, en passant par des animations spécifiques (*learning expeditions*, rencontres, ateliers d'échanges de pratiques) et des actions individuelles (coaching, mentorat).

Aujourd'hui, force est de constater que nombre d'actions sont déployées dans une logique produit standardisée et non en tant que composantes d'une démarche plus globale de politique managériale. Vue de l'extérieur, leur mise en place ne s'effectue pas toujours dans un souci de continuité et de cohérence.

Par ailleurs, si le manager est aussi important et le management aussi structurant, pourquoi n'y aurait-il pas dans les entreprises une direction du management qui jouerait un rôle de synthèse, de cohérence et de pilotage global ? Le management n'est pas une fonction comme les autres, car elle s'exerce en plus d'une attribution fonctionnelle en relation avec les métiers de l'entreprise. En revanche, il est possible d'envisager un dispositif qui jouerait le rôle de mise en cohérence et de construction d'une cible pour le management, ainsi qu'une politique managériale (diagnostic, accompagnement et professionnalisation de l'ensemble des managers de l'entreprise) portée par les ressources humaines.

Dans cette deuxième partie, nous développons deux chapitres pour décrire le contenu et le processus de construction d'une politique managériale. Le premier en décrit les composantes et le second identifie des démarches de déploiement.

Composantes d'une politique managériale

Le vocable « politique » peut être employé à la fois pour évoquer les actions envisagées pour passer d'un point A à un point B et les principes de réalisation de ces actions. Cette notion se matérialise par un programme et sa communication aux personnes concernées, comme la formalisation annuelle du projet de politique managériale au niveau stratégique, avec des mises à jour de l'existant, des arbitrages, un budget et des éléments d'évaluation de la compétence managériale.

Les composantes de la politique managériale

Un premier travail exploratoire sur le sujet permet d'identifier huit catégories d'éléments qui structurent le contenu d'une politique managériale.

Les niveaux de management définis en termes de missions et de responsabilités

Combien y a-t-il de managers, de niveaux de management et de managers par niveau ? Quelle est l'ancienneté des managers au sein d'un même niveau ? Quels sont les missions et les rôles théoriques de chacun des niveaux de management ? Toutes ces questions et leurs réponses constituent les premiers éléments d'appréciation des managers et de leur organisation. De manière graphique, les différents niveaux peuvent être représentés sous la forme d'une pyramide managériale qui mentionne à la fois les niveaux et les volumes.

Les règles et les modalités d'intégration aux différents niveaux de management

Après la description quantitative évoquée ci-dessus, il est intéressant de notifier par écrit les principes, les modalités et les conditions d'accès aux différents niveaux de management. Les attributions se font-elles par publication des postes et/ou propositions de gestionnaires de carrières dédiés ?

La gestion de carrière des managers

Comment est gérée la carrière d'un manager aux différents niveaux identifiés ? Cette rubrique formalise les modalités opérationnelles récurrentes et exceptionnelles de rencontre entre les gestionnaires de carrière et les managers.

Les plans d'actions de formation des différentes strates managériales

Toutes les actions en direction des managers sont définies en termes d'objectifs, de contenu et de modalités de participation. Les managers peuvent ainsi visualiser toute l'offre de formation qui leur est proposée et en connaître les conditions d'accès. Il peut s'agir de formations spécifiques au management ou de programmes plus généraux pour lesquels les managers sont éligibles.

Les dispositifs d'animation (permanents et occasionnels)

De la même manière que pour les actions de formation, il convient de décrire les actions d'animation proposées. Il peut s'agir par exemple de la participation à un événement de type « convention des managers » avec la direction générale. Un autre type d'animation réside dans la proposition de participation à des groupes d'échanges de pratiques de type codéveloppement. Dans cette rubrique peuvent également être mentionnées toutes les rencontres que les managers ont avec leurs collaborateurs (réunions d'équipe, séminaires annuels du service, etc.). Il peut s'avérer très utile d'intégrer des rencontres de professionnalisation à ce calendrier des rencontres managériales.

Les éléments d'appréciation des managers

Il s'agit de décrire comment est évaluée la compétence managériale : par la hiérarchie au moyen de l'entretien annuel d'évaluation, par le biais d'une enquête conduite auprès des salariés ou encore dans le cadre d'entretiens manager/collaborateurs ou d'une analyse des pratiques au regard d'un référentiel.

La question de la culture managériale

Tous les éléments décrits précédemment sont constitutifs d'une manière de penser et de pratiquer le management dans une organisation, que nous qualifions de « culture managériale ». Pour mieux appréhender cette notion, nous proposons une définition de la culture organisationnelle, ainsi qu'une matrice de quatre macrocultures managériales.

Une définition de la culture managériale par la culture organisationnelle

Le modèle théorique proposé par Schein[1] présente la culture en trois niveaux : le niveau de surface (les artefacts visibles), le niveau central (les valeurs et les normes de comportement) et le niveau inférieur (les croyances et hypothèses fondamentales).

---

1. Schein E., *Organizational Culture and Leadership*, New York, Jossey-Bass Publishers, 1985.

```
┌──────────────────────────┐
│    Artefacts (visibles)   │
└──────────────────────────┘
            ↕
┌──────────────────────────┐
│  Valeurs et comportements │
└──────────────────────────┘
            ↕
┌──────────────────────────┐
│  Hypothèses fondamentales │
│        (implicite)        │
└──────────────────────────┘
```

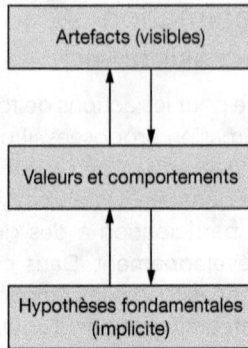

Les trois niveaux de la culture organisationnelle

Les artefacts

Les artefacts constituent les indicateurs visibles et tangibles qui permettent d'approcher les couches inférieures de la culture organisationnelle. Bien que certains membres de l'organisation puissent ne pas en prendre conscience, ces artefacts permettent de comprendre la culture de l'organisation. Néanmoins, s'ils sont aisément observables, ils n'en restent pas moins difficilement interprétables. En outre, à l'instar de tout indicateur, les artefacts ne reflètent qu'en partie le cœur culturel de l'organisation car ils sont éloignés du noyau constitué par les hypothèses fondamentales.

Hatch[1] les classe en trois catégories :

- les artefacts physiques (logo, design, construction, décoration, vêtements, disposition spatiale, etc.) ;

- les artefacts comportementaux (rituels, cérémonies, modes de communication, traditions, coutumes, récompenses, sanctions, etc.) ;

- les artefacts verbaux (anecdotes, jargon, surnoms, héros, traîtres, métaphores, histoires, etc.).

---

1. Hatch M. J., *Théorie des organisations*, Bruxelles, Éditions De Boeck, 1999.

Les valeurs et comportements

Dans le modèle de Schein, les valeurs définissent ce à quoi les membres de l'organisation accordent de l'importance pour évaluer ce qui est juste ou non. Elles intègrent des dimensions de morale et d'éthique. Le niveau de conscience des valeurs est plus important que les hypothèses fondamentales. Ainsi, les personnes sont assez sensibles à des ruptures générées par des changements du système de valeurs en place dans l'organisation.

Pour leur part, les normes de comportement sont considérées comme des règles implicites permettant d'évaluer ce qui est attendu dans des contextes multiples et différents. Elles découlent des valeurs. Pour citer cet exemple, la norme de non-interruption d'un collègue lors d'une réunion est associée à une valeur culturelle de courtoisie envers autrui. Comme le précise Hatch, « les valeurs définissent ce qui a de l'importance, alors que les normes clarifient ce qui est considéré comme normal ou anormal[1] ».

Les hypothèses fondamentales

Les croyances et les hypothèses fondamentales sont au cœur de la culture. Également appelées postulats, elles influencent, tel un filtre, la façon dont les membres de l'organisation perçoivent, pensent et ressentent les événements. Ces postulats vont de soi, mais sont inaccessibles consciemment. Ils permettent de construire ce qui est considéré comme la vérité et qui pénètre l'ensemble de la réalité organisationnelle. Schein s'inspire ici de la notion de paradigme, empruntée aux travaux de Kuhn[2], qui définit le paradigme comme « l'ensemble de croyances, de valeurs reconnues et de techniques qui sont communes aux membres d'un groupe donné[3] ».

En effet, il interprète la notion de paradigme sous la forme de postulats qui sont le résultat de la mise en œuvre répétée de solutions à des problèmes donnés. Si ces solutions montrent leur efficacité à chaque fois qu'elles sont mobilisées, alors elles deviennent des postulats. De tels postulats sont acquis pour tous, tandis que les valeurs

---

1. *Ibid.*, p. 229.
2. Kuhn T. S., *La Structure des révolutions scientifiques*, Paris, Flammarion, 1983.
3. *Ibid.*, p. 283.

et les normes de comportements peuvent être expliquées et remises en cause.

Schein considère également que la culture organisationnelle constitue un bon moyen de faire face aux problèmes d'adaptation externe et d'intégration interne. La culture étant, à l'instar de l'organisation, en perpétuelle évolution, elle peut être envisagée comme un processus d'apprentissage en situation de résolution de problèmes.

La culture managériale serait donc une somme d'hypothèses, de valeurs et d'artefacts.

Vers une typologie des cultures managériales

Au regard de la définition de la culture organisationnelle, nous proposons une matrice constituée de quatre types de culture managériale. Ses axes correspondent aux notions d'hypothèses et de valeurs. L'analyse de ces deux dimensions nous permet de retenir, au titre des hypothèses, la notion d'autonomie et, au titre des valeurs, la dimension « business ».

La valeur autonomie

La question de l'autonomie est au cœur de la relation de management, qui consiste à créer des relations pour que d'autres réalisent ce qui est souhaité, le tout dans une logique humaine et collective. Faut-il laisser aux personnes l'autonomie leur permettant de libérer leur énergie et de faire preuve d'innovation, dans une logique de rendre compte ? L'un des théoriciens du toyotisme, William Ouchi, considère qu'il existe trois types de contrôles : le contrôle par le marché, le contrôle par la culture et le contrôle par le clan. Le marché sanctionne dès lors que ce qui est produit ne correspond pas à la demande. La culture distingue ce qui est valorisé de ce qui ne l'est pas. Le clan, quant à lui, sanctionne la personne qui ne respecte pas les règles collectives.

Dans ces trois formes de contrôle, les acteurs sont très autonomes dans la réalisation, mais contraints dans leur rendu. L'autonomie se matérialise dans la relation que l'entreprise entretient avec ses managers comme dans la relation que les managers ont avec leurs subordonnés. Indépendants, ces deux types d'autonomie sont très souvent liés. Si l'entreprise n'accorde pas d'autonomie à ses managers, il est rare que ces derniers laissent de l'autonomie à leurs collaborateurs. Pourtant, l'autonomie ne signifie pas l'absence de contrôle et d'intégration, mais le fait de laisser aux personnes des marges de manœuvre et la possibilité de créer, d'innover et de faire sans devoir systématiquement rendre compte. Elle n'est pas vue comme l'opposé du collectif mais comme une de ses composantes à part entière. Jean-Jacques Rousseau considérait d'ailleurs déjà en son temps que « nous ne sommes libres que parce que nous sommes contraints ». Retranscrite dans le langage d'aujourd'hui et dans le monde de l'entreprise, cette expression pourrait devenir : « Nous sommes un collectif d'autonomies. »

L'hypothèse de l'orientation business

Y compris dans le monde de l'entreprise, la culture business n'est pas toujours développée et poussée. Et pour cause, l'entreprise s'est d'abord construite comme une institution de production avant de devenir un lieu de création de valeur financière dans une logique marchande et capitaliste. Toute organisation a pour objet de créer de la valeur, elle produit de la différence entre les ressources consommées et le résultat, dont la valeur peut être monétaire (dans le cadre d'un système marchand) ou sociale. Cette création de valeur existe et s'évalue. Elle se situe même au cœur de l'activité de production. En tenir compte et orienter l'activité de production au regard de celle-ci constitue, à nos yeux, une orientation dite « business ».

Concrètement elle se matérialise par la préoccupation client, le souci de l'efficacité des ressources, la recherche de performance et l'objectif du développement. Pour les managers, elle se matérialise par ce que nous appelons l'équation managériale. De manière schématique le manager a historiquement eu en charge d'abord la production, puis le

```
      Produire
  +   Contrôler
  +   Optimiser
  +   Piloter
  +   Changer
  ─────────────
  =   Manager
```

L'équation managériale

contrôle de la production, le pilotage de la production, l'optimisation de la production et maintenant le changement du contexte de production – chacune de ces variables constituant la performance.

L'orientation business est plus ou moins partagée et portée dans les entreprises en fonction de l'histoire mais aussi du contexte et des croyances des dirigeants. Les exigences actuelles, tant en termes de concurrence que de bonne utilisation des ressources, amènent l'ensemble des entreprises à bâtir une culture managériale business respectueuse de leur objet et de leurs valeurs.

Typologie des cultures managériales

Le croisement des axes business et autonomie fait apparaître quatre types de cultures : la culture statutaire, la culture de la planification, la culture contractuelle et la culture intrapreneuriale – les trois premières constituent autant d'étapes préalables pour aboutir à la dernière, qui est vertueuse.

La *culture statutaire* est décrite par le sociologue Philippe d'Iribarne[1] de la façon suivante. Être manager, ce n'est pas tant avoir de l'autonomie et des responsabilités business que faire partie d'une tribu valorisante socialement. En France, la notion de cadre présente un petit côté statutaire : « Je fais partie des cadres. » La culture

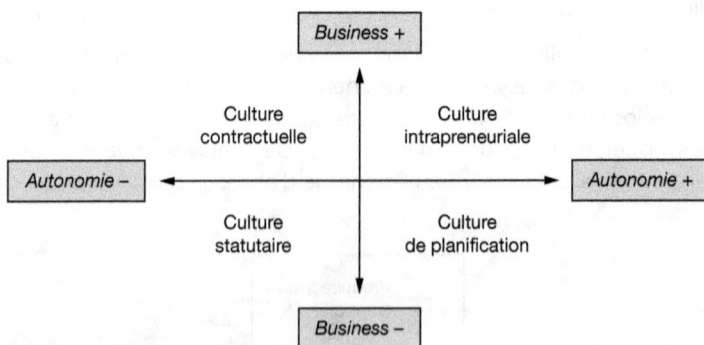

Typologie des cultures d'entreprise

---

1. D'Iribarne Ph., *La Logique de l'honneur*, Paris, Le Seuil, 1993.

managériale est orientée vers la valorisation des personnes concernées, la possibilité d'avoir accès à des prestations spécifiques et la défense du statut. L'accès au statut est significatif d'une forte reconnaissance et de la possibilité d'avoir accès à de nombreuses évolutions.

La *culture de la planification*, pour sa part, est caractérisée par une forte autonomie et une faible orientation business. Dans une logique descendante et de production, le manager réalise la partie qui lui a été affectée, la somme des parties donnant par la suite la production collective attendue. La culture de planification provient du mythe analytique selon lequel tout objet peut être découpé en parties élémentaires et être confié, dans sa réalisation, à différentes personnes. La culture de planification est marquée par des temps de conception importants, parfois au détriment de la réactivité et de la réalisation.

La *culture contractuelle* est définie par une faible autonomie et une forte orientation business. Les objectifs poursuivis sont clairement ceux du business, avec en point de mire la maximisation de la création de valeur. Les modalités de réalisation sont consignées par des modes opératoires finalisés en amont et faisant l'objet de contrats avec les managers. Cela prend la forme de contrats de gestion et/ou de manuels de procédures à respecter.

La *culture intrapreneuriale* conjugue un fonctionnement autonome et une orientation business. Les managers bénéficient d'une certaine autonomie dans leur périmètre d'intervention pour s'organiser et réaliser leur production en fonction de ce qui est standardisable ou non. L'autonomie et les marges dont ils disposent leur permettent d'opérer les adaptations nécessaires à la réalisation du business dans les meilleures conditions de performance. Ce mode de laisser-faire sous contrôle dépend à la fois de la capacité des managers à endosser ce rôle et de celle des directions générales à mettre en place une culture managériale – cette dernière étant en relation avec le manager intrapreneur que nous avons défini dans le chapitre précédent.

La culture managériale est à la fois un objectif et un moyen de définir les valeurs associées à la notion de management. En fonction de l'existant et de son écart avec ce qui est souhaité seront engagées des actions constituant le dispositif de la politique managériale.

La carte de la politique managériale

La politique managériale apparaît comme un dispositif articulé autour d'éléments de constat (cartographie et volumétrie des managers), de règles (référentiel de compétences), d'actions (formation et animation) et d'évaluation (individuelle et collective), le tout porté par une culture managériale toujours en cours de construction.

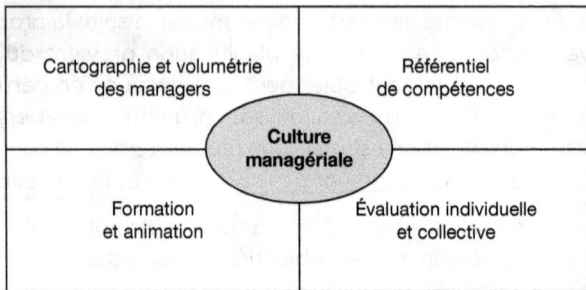

Cartographie et volumétrie des managers	Référentiel de compétences
Culture managériale	
Formation et animation	Évaluation individuelle et collective

Carte de la politique managériale

Ces composantes peuvent être illustrées graphiquement par ce que nous appelons la carte de la politique managériale avec ses différentes composantes, comme le montre la figure ci-dessus. La culture apparaît au centre à la fois comme le résultat des composants de différentes natures et comme un élément déterminant pour ces mêmes composants.

Dans le cadre de l'entreprise AG2R LA MONDIALE, la carte de politique managériale est la suivante :

Cartographie et volumétrie des managers

En 2013, environ 970 managers répartis en 3 populations et 5 comités bénéficiant chacun d'animations spécifiques.

1) Les cadres de direction
   – 167 personnes :
   • comité exécutif – 6 personnes ;
   • comité de direction générale – 20 personnes ;
   • comité de coordination managériale – 167 personnes.
2) Les managers opérationnels – 550 personnes :
   • comité des managers opérationnels – 550 personnes.
3) Les managers de proximité :
   • comité des managers de proximité – 250 personnes.

Référentiel de compétences

6 macro-compétences managériales :

• relais de la stratégie ;
• pilotage de la performance ;
• communication ;
• développement des compétences ;
• conduite du changement ;
• orientation clients.

Culture managériale
Culture contractuelle avec le souhait de la faire évoluer vers une culture entrepreneuriale.

Formations et animations

Des conventions régulières centrées autour de la stratégie et du plan d'entreprise.
Des dispositifs d'accompagnement et de formation.

Évaluation individuelle et collective

Enquêtes sociales.
Entretien annuel d'évaluation.
Évaluation individuelle et collective.

	Managers de proximité	Managers opérationnels	Cadres dirigeants
Transversalité/ coopération	Les rencontres du management		
Développement des compétences	Les parcours de formation		

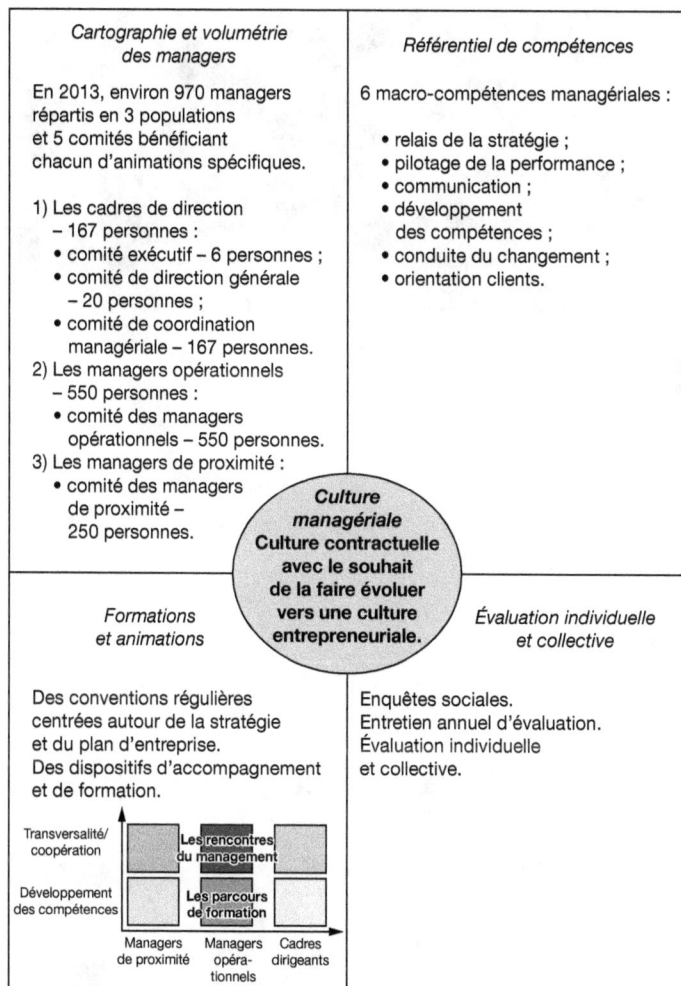

Carte de la politique managériale de l'entreprise
AG2R LA MONDIALE

En résumé

La notion de **politique managériale** prend corps par le rassemblement d'éléments existants (volumétrie et typologie des managers, actions de formations, la vision du management, les compétences managériales, les modalités d'évaluation), traités dans une **logique systémique**.

Cette formalisation permet d'établir un diagnostic, des cibles et un plan d'action pour la professionnalisation des managers.

Déploiement d'une politique managériale

L'importance des managers rend indispensable la définition de leur rôle, de leur animation et de leur professionnalisation au travers de la mise en place d'une politique managériale. Pour que cette notion puisse être avancée à la fois comme un concept explicatif en réponse à un besoin et comme un ensemble d'actions et dispositifs concrets, nous développons dans ce chapitre trois volets sur le portage, les modes de déploiement et les stratégies de communication d'une politique managériale.

Les éléments que nous apportons en réponse à la question du déploiement d'une politique managériale sont à la fois le résultat de la réflexion conduite dans cet ouvrage et des actions développées par l'entreprise AG2R LA MONDIALE sur le sujet.

Qui porte la politique managériale dans l'entreprise ?

Compte tenu de ses éléments constitutifs, il semble logique que la politique managériale soit portée par la direction des ressources humaines – et ce, tant dans sa définition que dans son exécution. Pour autant, doit-elle être portée par la DRH elle-même ou peut-elle l'être par certaines de ses entités ? La réponse à cette question est fonction des personnes, de leurs appétences mais aussi de l'existence de structures légitimes pour gérer de tels dispositifs. À cet égard, la politique managériale peut également être prise en charge par le département Formation ou toute autre structure dédiée à l'accompagnement de la population des managers. En l'occurrence, dans le cas d'AG2R LA MONDIALE, la politique managériale est portée par la direction des ressources humaines et déployée *via* les directions de la formation et emploi/compétences (notamment au travers des comités de carrière).

La vision française structuro-fonctionnaliste, en vertu de laquelle toute fonction au sein d'une organisation doit obligatoirement être logée dans une structure, suggère que la politique managériale peut être portée par une structure dédiée. Mais elle peut également être formalisée et menée en mode projet, selon une périodicité définie (tous les douze ou dix-huit mois par exemple), avec un chef de projet issu de l'environnement des ressources humaines mais également d'autres métiers de l'entreprise.

Si la DRH est le maître d'œuvre de la politique managériale (c'est-à-dire qu'elle la produit) et qu'elle la porte, elle doit travailler avec deux autres groupes d'acteurs : la direction générale et les métiers. Et pour cause, la direction générale a pleinement son mot à dire. En fonction de la stratégie qu'elle arrête pour l'entreprise, elle peut souhaiter infléchir certaines orientations de la politique managériale. Par ailleurs, toute direction a un style de management, une manière d'envisager la relation de commandement. Ce style « d'en haut » influence très généralement le contenu de la politique managériale, même si les deux autres intervenants que sont la DRH et les métiers constituent des acteurs modérateurs et contributeurs.

Pour leur part, les métiers interviennent en exigeant que la politique managériale tienne compte de leurs spécificités opérationnelles et de leurs enjeux du moment. Quels qu'ils soient, ils entretiennent une relation ambiguë avec la notion de politique managériale : s'ils en ont besoin pour mobiliser et animer leur ligne managériale, ils ne souhaitent pas pour autant perdre leur ascendant sur leurs managers. Parfois même, ils peuvent orienter le contenu de certains dispositifs à l'encontre des objectifs de professionnalisation définis dans le cadre de la politique managériale.

Le portage d'une politique managériale peut ainsi être assuré par la DRH en maîtrise d'œuvre, une maîtrise d'ouvrage représentée par les métiers et la direction générale en sponsor. Cette répartition des rôles dans la définition et la mise en œuvre de la politique managériale, issue de la gouvernance des projets, varie significativement d'une entreprise à l'autre. La DRH peut en effet être amenée à prendre à son compte des éléments de maîtrise d'ouvrage, voire de sponsoring. De la même façon, les métiers peuvent prendre en charge certaines actions de réalisation et être maîtrise d'œuvre. Quant à la direction générale, elle peut intervenir de manière plus ou moins importante sur le contenu et les modalités de déploiement de la politique managériale en fonction de son appétence pour le management. En tout cas, quelle que soit la configuration choisie, la DRH assure un rôle de consolidation et de capitalisation des initiatives prises. Elle devient alors la mémoire du dispositif, en vue de capitaliser sur ce qui a été fait et de ne pas reproduire les erreurs commises, et ce dans une logique d'amélioration continue.

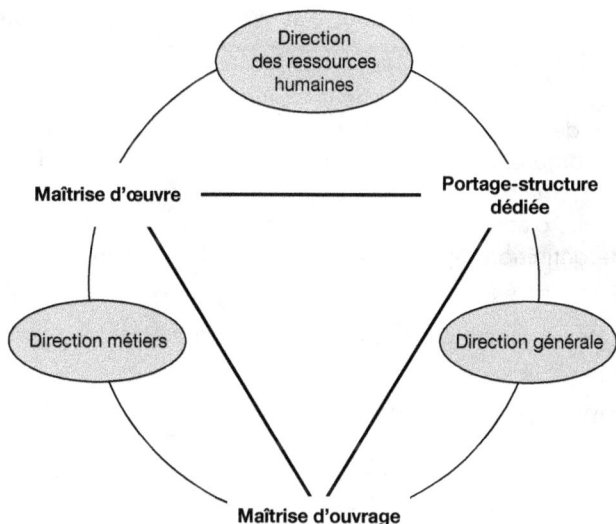

Les parties prenantes de la politique managériale

La DRH est ainsi la structure qui conçoit et organise, mais aussi celle qui conserve la mémoire des dispositifs et leur fournit une cohérence d'ensemble. Pour employer la terminologie de l'automobile, la DRH est l'ensemblier de la politique managériale.

Déploiement incrémental et instrumental de la politique managériale

Au travers de cet ouvrage, nous avançons le concept de politique managériale pour traiter dans une logique finalisée et organisée un certain nombre d'actions en direction des managers. L'objectif est d'associer ces différentes actions à la fois dans un souci d'efficacité et pour accroître leur impact symbolique. En effet, parler de politique managériale, c'est afficher d'emblée l'importance accordée au management et aux managers dans une organisation. C'est aussi une enveloppe qui permet de traiter un certain nombre de dispositifs dans une logique d'ensemble. C'est enfin l'occasion de faire travailler ensemble différents groupes d'acteurs (direction des ressources humaines, directions métiers, direction générale).

La question du déploiement de la politique managériale peut s'envisager de deux manières. La première, dite instrumentale, consiste à déployer différents outils d'animation principalement issus de la boîte à outils des ressources humaines. La seconde, qualifiée d'incrémentale, résulte d'actions (de formation, de communication, d'organisation, de définition de rôles) constitutives de l'identité managériale dans le contexte de l'entreprise.

Loin d'être opposés, ces deux dispositifs sont complémentaires.

La démarche incrémentale

L'expérimentation du déploiement de la politique managériale au sein du groupe AG2R LA MONDIALE, avec ses succès et ses échecs, constitue un terrain d'analyse particulièrement intéressant pour avancer des hypothèses de facteurs de réussite.

L'analyse historique des actions de même que l'interview des principaux protagonistes permettent de décliner dix grands principes de mise en œuvre, qui traitent du contenu, des parties prenantes, de l'organisation et du fonctionnement d'une politique managériale. Nous les développerons de manière exhaustive dans la troisième partie de l'ouvrage.

■ **Principe 1 : le rôle de manager.** L'entreprise connaît la typologie de ses managers, leurs rôles et la volumétrie associée. Pour chaque catégorie de managers sont précisées les règles d'éligibilité et les modalités d'évolution.

■ **Principe 2 : le *cascading* hiérarchique.** Les actions mises en œuvre à un niveau hiérarchique sont systématiquement déployées au niveau inférieur, avec des modalités et des messages adaptés.

■ **Principe 3 : le portage par une fonction support.** Les actions de la politique managériale sont réalisées par une fonction support, par exemple la direction de la formation, avec l'aide de la hiérarchie et des métiers. Leur expertise et leur capacité à disposer de ressources dédiées font de ces fonctions les structures les plus aptes à porter une politique managériale.

■ **Principe 4 : le laboratoire d'idées.** Toute action envisagée dans le cadre de la politique managériale doit être innovante afin de nourrir un dispositif de laboratoire d'idées sur le thème du management.

■ **Principe 5 : la transversalité.** Toutes les actions de la politique managériale sont mises en œuvre de manière transverse aux métiers et aux fonctions dans l'entreprise.

■ **Principe 6 : l'expérimentation/généralisation.** Toutes les actions de la politique managériale sont conçues et testées auprès d'un pilote avant d'être généralisées.

■ **Principe 7 : le bon moment.** Les actions de la politique managériale sont réalisées en tenant compte du calendrier stratégique et des attentes sociales des personnes.

■ **Principe 8 : la formation expérientielle.** Le management est pensé comme un comportement nécessitant des modalités pédagogiques expérientielles et permettant aux managers de confronter l'efficacité de leurs pratiques dans un cadre neutre et bienveillant.

■ **Principe 9 : la justesse du symbole.** Les actions de la politique managériale sont définies avec précision en termes de reconnaissance des personnes. Les symboles mobilisés doivent être porteurs de sens, sans toutefois être ostentatoires.

- **Principe 10 : la capitalisation des succès.** Chaque action de la politique managériale est présentée comme étant expérimentale, et fait l'objet d'une analyse *a posteriori* et d'une capitalisation pour les actions à venir.

Ces dix principes ont été définis suite à l'analyse des pratiques du groupe AG2R LA MONDIALE sur une période de six ans (2008-2013). Ils peuvent être classés en deux grandes catégories :

- les principes dits de « préparation » ou « conditions nécessaires » ;

- les principes dits de « structuration », qui organisent les actions en termes de contenu et de positionnement.

Les conditions nécessaires au déploiement d'une politique managériale

Les principes relevant de cette catégorie sont le rôle des managers, le *cascading* hiérarchique, le portage par une fonction support, le laboratoire d'idées et la transversalité.

Au sein du groupe AG2R LA MONDIALE, ils ont surtout guidé les actions mises en œuvre en 2008, c'est-à-dire au cours de la première période de déploiement de la politique managériale.

Les principes structurants de la politique managériale

Durant une seconde période, à partir de 2009-2010, ce sont plutôt des principes qualifiés de structurants pour le contenu de la politique managériale qui ont été mobilisés : l'expérimentation/généralisation, le bon moment, la formation expérientielle, la justesse du symbole et la capitalisation sur les succès.

La démarche instrumentale

Notre travail d'exploration de la littérature relative aux outils de gestion et d'animation des managers a permis d'identifier les sept outils les plus communément mobilisés par les directions des ressources humaines. Leur contenu technique et méthodologique est détaillé en annexe de l'ouvrage, afin que chaque lecteur puisse directement se focaliser sur ceux qui lui seront les plus utiles.

La démarche instrumentale consiste à déployer des outils et instruments, l'idéal étant bien sûr qu'elle soit couplée à une démarche incrémentale. De manière opérationnelle, le groupe AG2R LA MONDIALE a mobilisé certains des sept outils que nous venons d'évoquer en complément des mécanismes incrémentaux présentés préalablement.

Les sept outils à mobiliser pour « penser management » sont :

- *les modèles de management* : dans un environnement de recherche identitaire et de focalisation sur la réalisation de la stratégie, les entreprises s'emploient à construire des modèles de management intrinsèques ou bien issus de méthodes de gestion du marché. Véritable outil de gestion, le modèle de management peut devenir un levier de mobilisation de la ligne managériale ;

- *la formation des managers* : dans le cadre des projets de transformation, les managers de terrain se voient confier l'important rôle de leader du changement. Pour accompagner ce mouvement, nombre d'entreprises s'interrogent sur les modalités de professionnalisation de leurs managers de terrain en privilégiant les approches dites expérientielles plutôt que celles dites de contenus ;

- *l'animation des managers* : un manager a-t-il plus à apprendre du récit de pratiques que d'ouvrages de management ? Sans créer d'antagonisme entre l'expérience et la théorie, les réseaux apprenants proposent des formats d'échanges sur les pratiques en mobilisant, le cas échéant, des grilles de lecture théoriques. Les réseaux apprenants constituent une nouvelle forme d'apprentissage perçue comme une alternative aux formations dites de contenus ;

- *les enquêtes sociales* : depuis quelques années, les entreprises mènent des enquêtes pour évaluer leur climat social et disposer ainsi d'une mesure du ressenti du personnel. Initialement conduites dans les grands groupes de manière institutionnelle, ces études tendent à se généraliser et à devenir de véritables outils de management ;

- *le marketing RH* : avec l'objectif d'attirer des candidats et de retenir les salariés, le marketing RH développe la notoriété de ce que l'on appelle désormais « l'image employeur ». En mobilisant différentes techniques de marketing et de communication, les ressources humaines construisent des plans dits de « marketing RH » ;

- *la GPEC* : dispositif de gestion de l'emploi et des compétences, la GPEC apporte une réponse aux besoins et aux attentes des entreprises et de leurs salariés. En formalisant les métiers, les postes et les compétences, elle dynamise les actions de formation, de recrutement et de gestion des carrières et procure de la visibilité aux collaborateurs quant à leur trajectoire d'évolution potentielle au sein de l'entreprise ;

- *la gestion des talents* : en période de mutation, le talent constitue une ressource rare et est l'objet d'une intense concurrence. Rare, le talent doit se conserver et se développer dans les entreprises, dans une logique de performance. Le manager est doublement concerné en tant que talent lui-même, mais aussi en tant que gestionnaire des talents de ses collaborateurs.

La lecture du contenu technique de ces sept outils permet d'avancer un ordre chronologique dans leur développement et de distinguer les démarches directes d'une part et les démarches indirectes d'autre part (*cf.* annexes).

Les démarches directes sont des actions à destination des managers avec un résultat précis attendu en termes de professionnalisation. Elles concernent les actions de formation, d'animation, de gestion des talents et les enquêtes sociales. Pour leur part, les démarches indirectes développent un contexte favorable aux

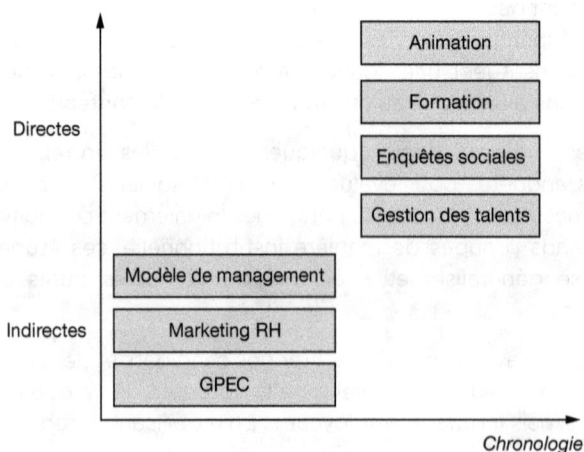

Les démarches constitutives d'une politique managériale

© Groupe Eyrolles

projets de professionnalisation de la fonction managériale : marketing RH, GPEC, modèles de management. Elles constituent des préalables autant que des ressources pour les actions directes de professionnalisation. La figure suivante montre qu'en théorie, il est préférable d'envisager les actions indirectes chronologiquement avant les directes.

Les démarches instrumentales et incrémentales sont complémentaires. D'un point de vue méthodologique, nous préconisons de les mener communément en développant simultanément leurs outils et mécanismes.

Comme le montre la figure ci-dessous, le croisement des dimensions instrumentale et incrémentale produit quatre types de politiques managériales.

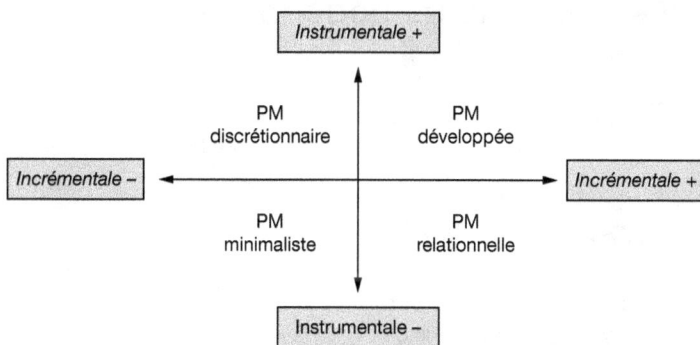

Typologie des politiques managériales

Les politiques managériales qui intègrent le plus grand nombre d'instruments et de principes incrémentaux sont qualifiées de « développées ». De manière optimale, des dispositifs sont mis en place avec une institutionnalisation et une structuration fonctionnelle du « penser management ».

Pour leur part, celles qui déploient beaucoup de principes incrémentaux mais peu d'instruments sont dites « relationnelles ». L'essentiel des actions mises en œuvre sont des sollicitations en termes d'expression et d'animation des managers.

Les politiques managériales construites autour des instruments et avec peu de mécanismes incrémentaux sont appelées «discrétionnaires». Les actions jouent pleinement leur rôle, mais sont rattachées aux structures qui les opèrent sans nécessairement mettre en avant le «penser management».

Enfin, les politiques managériales qui mobilisent à la fois peu d'outils et peu de principes incrémentaux peuvent être qualifiées de «minimalistes». Dans ce cas de figure, il ne s'agit pas à proprement parler de politique managériale, mais plutôt d'actions menées sans cohérence.

Stratégie de déploiement d'une politique managériale

Une fois le positionnement, l'agenda et le contenu définis, la mise en œuvre d'une politique managériale nécessite de définir une stratégie de déploiement en termes d'affichage mais également de coûts.

Visible ou pas visible ?

Il existe deux stratégies de communication de la politique managériale : une visible et une invisible.

La première consiste à rédiger le contenu défini au préalable de tous les éléments de la politique managériale, dans un document officiel diffusé auprès de tous les intéressés. Cet exercice s'accompagne d'une campagne de promotion de la politique managériale, avec l'obligation d'afficher clairement les entités en charge de son portage. En effet, l'affichage permet d'officialiser la démarche et constitue un élément de reconnaissance officielle du rôle et de l'importance des managers, *via* des actions de formation et d'animation spécifiques. Il fournit aussi à la DRH, aux métiers et à la direction générale une manière de souligner certains messages en termes de management. La politique managériale peut constituer un terrain de proposition et de construction des principes et pratiques de management dans une entreprise. La matérialisation de cette visibilité passe par un budget, un responsable, une structure dédiée, des documents de communication ou encore un site

Web. Les personnes responsables sont alors placées en situation d'obligation de production, ce qui génère une dynamique pérenne.

La seconde stratégie, qualifiée d'invisible, consiste à ce que tout ou partie des actions soit réalisé sans l'appellation ou l'affichage de « politique managériale ». C'est la plus répandue au sein des entreprises. Des actions de la politique managériale sont effectuées partiellement par une ou plusieurs entités relevant de dispositifs et/ou de structures en place. Par prudence – ou par stratégie – ce mode de fonctionnement n'attend pas d'être officiellement intronisé pour s'engager. Il a le mérite de la réalisation. En revanche, la visibilité est inexistante tant pour les bénéficiaires (managers) que pour les animateurs (services RH, formation, université d'entreprise, etc.). Ce fonctionnement furtif peut constituer une première étape vers l'officialisation d'une politique managériale avec des actions ayant déjà fait leurs preuves. Dit d'une autre manière, les éléments constitutifs de la politique managériale peuvent être formalisés sans pour autant être communiqués dans une logique promotionnelle. Ils jouent leur rôle de constituant des principes et des actions de la politique managériale sans en faire une action « paillette » sous les projecteurs.

Combien ça coûte ?

L'évaluation de la politique managériale est fonction du nombre de managers et des actions engagées pour cette population. Aussi s'agit-il de déterminer le coût de cette politique par manager d'une part et par type de manager d'autre part. L'unité de temps pour apprécier ce coût est l'année. En règle générale, les grandes actions de formations sont étalées dans le temps, en privilégiant une ou deux catégories de managers par an. Ainsi, s'il existe quatre catégories de managers, deux seront spécifiquement accompagnées chaque année, créant ainsi une périodicité et un roulement entre les intéressés.

Les quelques informations obtenues en la matière montrent que le coût de la politique managériale se chiffre à 1 500 euros par an et par manager. Il ne s'agit là que d'une estimation permise par la somme des coûts de formation et d'animation et de la quote-part des coûts fixes des fonctions qui participent à la construction et à l'animation de la politique managériale.

Ce montant n'a donc aucune valeur de généralité, mais est à prendre comme une évaluation à contextualiser. En l'occurrence, il a été obtenu par l'évaluation des actions de politique managériale pour une population de mille cinq cents managers. Mais du fait de la part de certains coûts fixes, ce chiffre mériterait à coup sûr d'être revu à la baisse si cette population excédait deux mille personnes. En outre, cette évaluation porte sur le coût direct et n'intègre pas le manque à gagner. Pourtant, lorsque le manager participe à des actions de formation et d'animation, il n'est pas en situation de production directe. Du fait de son statut de manager, son activité n'est pas supprimée mais bien souvent différée et répartie dans le temps. La seule façon de comptabiliser ce manque à gagner consisterait à tenir compte du coût de remplacement du manager concerné. Mais cela resterait marginal en termes de pratiques. Au total, pour un coût de 1 500 euros par an et par personne et une population de mille cinq cents personnes, le budget annuel s'élève à 2 250 millions d'euros par an. C'est la raison pour laquelle les actions mises en œuvre entrent très souvent dans la rubrique des dépenses de formation, bénéficiant ainsi d'un traitement administratif et fiscal spécifique.

En résumé

La politique managériale se matérialise au travers de déploiement d'actions de professionnalisation (les instruments) et de décisions de principe (les imminents).

C'est ainsi que le concept de politique managériale devient opérant et joue un rôle de dispositif de professionnalisation des managers avec un coût des bénéficiaires et des résultats.

03 PARTIE

Six ans de politique managériale
dans le groupe AG2R LA MONDIALE

Le groupe AG2R LA MONDIALE en tant que tel est né en 2008 de l'union d'AG2R et de LA MONDIALE. Si chacun des deux groupes avait, avant le rapprochement, une culture de pratiques managériales et des modalités d'animation managériales propres, nous avons choisi d'analyser la construction de la politique managériale du groupe à partir de 2008.

Ce travail de reconstruction *a posteriori* des actions et projets de professionnalisation des managers a permis de faire émerger le concept de « politique managériale ».

Ce cas d'entreprise sur une période de six ans constitue un récit contextualisé du positionnement et de l'accompagnement de la ligne managériale, qui constitue un terrain pertinent pour identifier les principes favorisant le développement d'une politique managériale. Pour rappel, ces principes déjà évoqués plus haut traitent du contenu, des parties prenantes, de l'organisation et du fonctionnement d'une politique managériale.

- Principe 1 : le rôle de manager.

- Principe 2 : le *cascading* hiérarchique.

- Principe 3 : l'expérimentation/généralisation.

- Principe 4 : la transversalité.

- Principe 5 : le bon moment.

- Principe 6 : le laboratoire d'idées.

- Principe 7 : la formation expérientielle.

- Principe 8 : la justesse du symbole.

- Principe 9 : le portage par une fonction support.

- Principe 10 : la capitalisation sur les succès.

Le groupe français AG2R LA MONDIALE compte environ sept mille six cents collaborateurs. AG2R LA MONDIALE est le premier groupe de protection sociale. Il protège tous les besoins de ses assurés tout au long de la vie, quels que soient l'âge, le statut (salariés, retraités, professionnels, dirigeants d'entreprises et leurs familles) ou le secteur professionnel. Son chiffre d'affaires global s'établit à 16,6 milliards d'euros[1] et est au service de plus de 8 millions d'assurés et d'ayants droit. Son mode de gouvernance paritaire et mutualiste le différencie des autres acteurs du secteur. Les décisions ne sont pas prises par des actionnaires : elles appartiennent aux assurés, seuls bénéficiaires de la valeur créée par l'entreprise.

AG2R LA MONDIALE gère, pour le compte des fédérations Agirc et Arrco, au travers d'un contrat d'objectifs renouvelé tous les trois ans, la retraite complémentaire de 3,4 millions de salariés cotisants et de 2,7 millions d'allocataires retraités. Cette activité constitue le cœur de métier historique du groupe. Le groupe compte plus de trois cent soixante mille entreprises adhérentes (soit une entreprise sur quatre en France) et affichait, en 2011, une collecte de 7,8 milliards d'euros au titre de cette activité. AG2R LA MONDIALE est le deuxième acteur du secteur en France.

---

1. Données chiffrées 2012.

Le groupe compte sept mille six cents collaborateurs en 2012 (70 % des collaborateurs sont localisés en région, 30 % sur Paris), répartis en région et est organisé autour :

▪ d'un réseau commercial d'environ mille sept cents collaborateurs répartis dans seize directions régionales (cent agences et deux cent cinquante permanences), actives sur trois marchés (particuliers, professionnels et entreprises) et deux activités, vente à distance et accords ;

▪ de treize centres de gestion représentant une population de plus de deux mille six cents personnes réparties partout en France. Ces différents centres de gestion regroupent les activités de gestion retraite, prévoyance et santé ;

▪ de mille managers.

AG2R LA MONDIALE est né de l'union d'AG2R et de LA MONDIALE, deux groupes bénéficiant d'expertises complémentaires, respectivement en retraite complémentaire, prévoyance et santé et en épargne et retraite supplémentaire.

LA MONDIALE est créée, en 1905, par sept industriels du Nord afin de compléter les revenus des salariés de petites entreprises et des travailleurs indépendants (artisans, commerçants, professions libérales), après leur cessation d'activité. En 1999, LA MONDIALE acquiert la Hennin Vie qui deviendra plus tard LA MONDIALE Partenaire.

Créé en 1951, le groupe AG2R est issu de l'Association générale de retraite par répartition (AGRR), créée à l'initiative des papetiers : il s'agit de la première caisse de retraite par répartition pour les salariés non cadres. Le groupe se rapproche au fil du temps de nouveaux partenaires issus de la protection sociale (MNM, IRPC, INPCA, UGRC, ISICA, Prémalliance) et renforce ses positions sur son marché.

C'est en 2001 que s'effectue le premier rapprochement autour d'une filiale, Arial Assurance, détenue à 50 % par chaque entité. En 2008, la SGAM AG2R LA MONDIALE est créée, donnant naissance au nouveau groupe. Le rapprochement de ces groupes, leaders historiques sur leurs marchés respectifs, constitue un défi à plusieurs titres pour le groupe AG2R LA MONDIALE nouvellement créé.

En effet, dans un contexte de crise économique sans précédent, l'objectif est de développer une marque unique, visible, forte et capitalisant sur la renommée des deux groupes d'origine. Mais il s'agit également de mutualiser les activités et les savoir-faire pour continuer le développement du groupe dans un marché qui se contracte. Tous ces défis sont à relever avec des engagements sur le maintien de l'emploi et de la diversité des sites qui composent le nouveau groupe.

Pour relever ces défis, l'élaboration d'un dispositif managérial adapté est nécessaire.

2008 : la formation des managers au service du rapprochement des hommes

Sans attendre le rapprochement « officiel » formalisé par la création d'une SGAM (société de groupe d'assurance mutuelle), un premier séminaire baptisé « Contact » est organisé dans le courant du second semestre 2007. L'objectif est d'organiser des rencontres des cadres de direction des deux entités et de favoriser des échanges autour de leurs pratiques et de leurs modes de fonctionnement respectifs.

Puis, dès le premier semestre 2008, un comité exécutif est créé. Composé de cinq directeurs, il est baptisé « G5 ». Dans la foulée, un comité de direction générale et un comité de coordination managériale (COCOMA) voient le jour et regroupent, à l'époque, près de cent trente directeurs. Le COCOMA constitue une ligne managériale à part entière. L'enjeu, en termes de politique managériale, est alors d'animer cette ligne managériale commune afin de favoriser l'émergence d'une identité mutuelle et d'une représentation partagée du rôle du manager au sein du nouveau groupe.

Les cadres de direction – déploiement du cycle « Manageons ensemble »

Le projet « Manageons ensemble » est pensé six mois avant la création de la SGAM et lancé par la DRH au premier semestre 2008. Une fois les membres du COCOMA identifiés, il s'agit d'inscrire l'animation de cette ligne managériale dans un projet pérenne de formation et d'accompagnement. Le principal enjeu de cette démarche est de créer une communauté de managers s'appuyant sur une compréhension partagée du rôle du manager dans le nouveau groupe, avec un socle commun de compétences managériales.

Confrontés à de nombreuses transformations (évolutions de l'environnement externe, équipes multiculturelles et multisites, etc.), les membres du COCOMA ont besoin d'acquérir des clés de compréhension partagées et de s'appuyer sur des outils managériaux et RH communs.

La conception et le déploiement de ce cycle « Manageons ensemble » constituent une démarche nouvelle, qu'aucune des deux structures n'a eu l'occasion d'engager par le passé. Il s'agit d'innover en termes de dispositif d'accompagnement, sans redondance avec les actions menées jusqu'alors par les deux entités.

Le cycle d'accompagnement « Manageons ensemble », étalé sur sept mois, est structuré en trois temps.

Trois séminaires

Chacun de ces trois séminaires regroupe une cinquantaine de cadres dirigeants, toutes directions et toutes origines confondues (AG2R ou LA MONDIALE) afin de favoriser la mixité et la découverte des participants. Ce principe sera retenu pour l'ensemble du cursus.

L'ingénierie des séminaires est élaborée avec un partenaire extérieur spécialisé en coaching de dirigeants et en accompagnement du changement.

Les entretiens menés en amont de ce dispositif dans une logique de coconstruction font ressortir le besoin de comprendre les différences de fonctionnement, de culture et de statut entre les deux entités et de partager l'historique et les cadres de référence, étape préalable à l'émergence d'une nouvelle culture managériale commune.

Deux cercles d'échanges

Au terme des séminaires, des cercles d'échanges intitulés « Cercles de management » sont mis en place. Organisés en petits groupes de dix cadres de direction, leur animation s'inspire de la technique du codéveloppement.

Il s'agit de prolonger les séminaires par des échanges en groupes restreints, en s'appuyant sur trois ressorts pédagogiques :

■ échanges d'expériences autour de pratiques managériales et d'outils communs ;

■ travaux en binômes issus d'entités différentes autour d'une thématique permettant le partage des représentations et de bonnes pratiques ;

■ compréhension des conditions d'une collaboration efficace.

Ces groupes d'échanges orientent leurs réflexions sur :

■ l'actualité des projets menés par chacun des cadres dirigeants ;

■ les compétences managériales utilisées par les managers.

Une restitution des travaux réalisés devant les 150 cadres dirigeants et la direction générale du groupe

À l'issue des travaux, une synthèse est élaborée, qui reprend les éléments d'expression des participants lors des séminaires et des cercles d'échanges. Elle permet de faire émerger :

■ une cartographie des projets en cours dans le groupe nouvellement formé ;

■ un référentiel de compétences managériales ;

■ les besoins de formation des différents managers.

Elle est diffusée à l'ensemble des participants afin d'assurer le partage de ces éléments de connaissance réciproque, mais également auprès de la direction générale pour apporter des éclairages sur les premières actions à mettre en œuvre rapidement en vue de renforcer la cohésion managériale.

Au total, « Manageons ensemble » peut être qualifié de cycle fondateur en termes d'accompagnement des transformations organisationnelles et de rapprochement des cultures. Il a également concrétisé le rapprochement des équipes RH.

Les managers opérationnels – le cycle de professionnalisation « 1 001 Managers »

Parallèlement au projet « Manageons ensemble », les équipes RH réfléchissent à une mise en commun des formations élaborées chez AG2R et LA MONDIALE avant le rapprochement. « 1 001 Managers », parcours commun de formation destiné aux managers opérationnels du groupe, voit ainsi le jour.

Là encore, l'enjeu est double : professionnaliser les managers du groupe d'une part et amorcer la création d'un réseau de managers opérationnels d'autre part, à l'image du travail initié pour la ligne managériale du COCOMA. Ce projet nécessite en amont l'identification des managers devant participer à ces cursus et initie ainsi le travail à réaliser sur la cartographie des managers du groupe et de leurs responsabilités.

Objectifs du parcours

Le parcours « 1 001 Managers » vise à apporter aux managers opérationnels les compétences nécessaires pour exercer leurs responsabilités managériales, mais aussi pour développer leur réseau et croiser leurs expériences. La philosophie qui sous-tend ce cursus est claire : un manager opérationnel dans le groupe n'est pas uniquement un expert reconnu dans son domaine d'activité, il acquiert également les compétences nécessaires au métier même de manager.

Ce parcours reprend les points forts de chacun des cycles élaborés par les deux entités avant leur rapprochement : un cycle qui s'inscrit dans le temps, comme le pratiquait LA MONDIALE avec son université des managers, un cycle qui s'appuie sur des partenaires différents avec une mixité des filières (commerciales et administratives) comme le pratiquait AG2R. Son rythme est adapté aux contraintes des managers et alterne des phases d'apprentissage et des phases de mise en pratique. Chaque étape respecte les trois principes suivants :

■ acquisition des compétences nécessaires pour exercer ses responsabilités managériales ;

■ évaluation de ses pratiques (outils de positionnement par rapport aux pratiques, au savoir être, etc.) ;

■ développement de son réseau en mixant la composition des groupes de travail (diversité d'origines, d'expériences, de niveaux, etc.).

Par ailleurs, destiné aux nouveaux managers du groupe (nouveaux entrants dans le groupe ou nouvellement managers), il se déroule sur trois ans.

Parcours « 1 001 Managers »

Prise de fonction (0-8 mois)
- Appropriation de l'environnement de travail et de l'équipe.
- Découverte de l'équipe et état des lieux des pratiques.
- Identification des premières actions à engager.

Parcours formatifs en deux étapes
Tronc commun (8-20 mois)
Tous les trimestres, quatre ateliers de formation sont organisés.
- Efficacité du manager et performance de l'équipe (deux jours).
- Réglementation sociale au quotidien (deux jours).
- Renforcer son leadership (deux jours).
- Professionnaliser les entretiens d'appréciation et de seconde partie de carrière (deux jours).

Les managers ont également à leur disposition différentes ressources pédagogiques :

- des synthèses d'ouvrages de référence en management dans l'espace documentaire du manager sur le site extranet dédié « Les dossiers du management » ;
- des synthèses mensuelles sur des problématiques managériales d'actualité.

Ateliers personnalisés (> 20 mois)

Dans le cadre des entretiens d'appréciation, les managers ont accès à une vingtaine d'ateliers de formation. Ils sont invités à choisir deux ateliers parmi les trois thèmes.

- Manager au quotidien :
  - développer une délégation efficace et responsabilisante ;
  - conduire des réunions autrement ;
  - conduire des entretiens en face-à-face ;
  - piloter la performance de l'équipe ;
  - décider de son temps ;
  - coacher ses collaborateurs et ses équipes.
- S'approprier les outils du manager :
  - les entretiens de recrutement, d'appréciation, de seconde partie de carrière et de rémunération ;
  - les tableaux de bord de la DSI ;
  - le manager et les représentants du personnel ;
  - les délégués du personnel (rôle, attributions, moyens d'action).
- Conduire des transformations :
  - manager le changement ;
  - techniques de gestion de projet ;
  - maîtriser les enjeux et le processus de décision ;
  - approche sociologique et systémique des organisations ;
  - manager transversal ;
  - renforcement du leadership (mieux anticiper et gérer les conflits, développer une posture de leader, repérer la motivation de ses collaborateurs).

Ces ateliers personnalisés sont développés à partir du référentiel managérial mis en avant dans le cycle « Manageons ensemble ». En ce sens, le parcours « 1 001 Managers » fonde la seconde « brique » de la politique managériale, chaque initiative concernant une des lignes managériales entraînant une réflexion sur l'animation de l'ensemble des lignes.

Le choix de positionner ce parcours de formation sur les nouveaux managers vise à avancer rapidement dans la construction d'actions communes et symboliser ainsi l'effectivité du rapprochement. Ce qui permet également d'identifier l'ensemble des managers opérationnels et de travailler ainsi à harmoniser la cartographie des emplois existants au sein des deux entités d'origine.

Au total, à travers ce dispositif de prise de fonction obligatoire pour l'ensemble des nouveaux managers, le groupe nouvellement constitué s'est appuyé sur les points forts de deux entités rapprochées pour construire un cycle commun de prise de fonction qui fonde, qui plus est, la politique d'accompagnement des managers opérationnels dans le temps.

L'ébauche d'une politique managériale

Avec les deux briques « Manageons ensemble » et « 1 001 Managers », le groupe a travaillé sur deux champs différents :

- « 1 001 Managers » : accompagner le développement des compétences des managers. Permettre chaque année aux managers opérationnels d'accéder à des cursus de formation centrés sur :
  - l'accompagnement à la prise de fonction ;
  - le développement continu des compétences managériales.

- « Manageons ensemble » : accompagner les managers sur leur capacité à agir en transversalité et en coopération. Mettre en place des actions régulières réunissant une même ligne managériale (les cadres dirigeants) :
  - centrées sur un fil rouge ;
  - basées sur l'échange et la confrontation des pratiques managériales, permettant aux managers de partager une même vision

de leur rôle et de leurs missions et de développer leurs compétences managériales.

La figure ci-dessous propose une représentation visuelle des actions réalisées en 2008 :

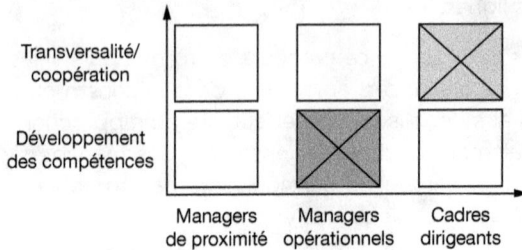

Transversalité/ coopération

Développement des compétences

Managers de proximité   Managers opérationnels   Cadres dirigeants

**Matrice cibles et objectifs
de professionnalisation managériale**

En résumé

Le cas de l'entreprise AG2R LA MONDIALE, de par son environnement tant économique qu'humain, montre l'importance et l'intérêt des organisations pour la professionnalisation des managers. La notion de politique managériale apparaît comme un dispositif pour rendre plus cohérentes et lisibles dans le temps les actions conduites.

2009-2011 : la formation au service de la professionnalisation des managers

2009 : premier plan d'entreprise AG2R LA MONDIALE

Le premier plan d'entreprise s'inscrit dans la poursuite de la démarche d'accompagnement initiée lors du rapprochement pour les différentes lignes managériales : COCOMA et managers opérationnels.

Dans un contexte de crise financière, dont les conséquences ne sont pas encore évaluables, le niveau d'incertitude est particulièrement élevé. Le marché reste néanmoins porteur et le rapprochement permet d'utiliser les complémentarités de chacune des entités pour renforcer le positionnement du groupe et enregistrer des gains de productivité.

Le nouveau plan d'entreprise met l'accent sur des objectifs de croissance et la maîtrise des frais pour assurer la compétitivité du groupe à travers trois axes :

- la construction de l'identité du groupe ;

- l'accroissement du développement du groupe ;

- l'amélioration de la performance.

En matière de politique managériale, les enjeux portent sur la création d'une identité et de valeurs communes. Dans le cadre du nouveau plan, la politique managériale est identifiée comme l'une des thématiques prioritaires pour la politique RH. Il s'agit de fédérer l'ensemble des managers autour de la construction d'une culture commune.

Plusieurs objectifs sont définis :

- définir les différents niveaux de la ligne managériale ;

- construire le référentiel managérial et la charte associée ;

- élaborer les plans de communication et d'animation ;

- concevoir les dispositifs et les outils de détection et d'évaluation de la ligne managériale ;

- élaborer les plans de remplacement ;

- construire et déployer des dispositifs d'accompagnement.

Ancrer dans le temps le cycle « Manageons ensemble »

2009 : cycle « Apprendre à oser »

Le cycle « Manageons ensemble » terminé, il est important de pouvoir continuer à animer régulièrement la communauté des cadres dirigeants. Avec le lancement du premier plan d'entreprise du nouveau groupe, la direction des ressources humaines souhaite franchir un cap et renforcer la « professionnalisation » des cadres dirigeants avec le lancement d'un cycle davantage centré sur des objectifs « formatifs ». Ce parcours est mis en place en partenariat avec une grande école de commerce. Reprenant les fondamentaux du cycle

« Manageons ensemble » (groupes de cinquante managers, cycle ancré dans le temps, articulé autour de différents ateliers et séminaires), le bilan de ce parcours est plutôt mitigé. L'explication de ce semi-échec vient du décalage entre les préoccupations des participants et la méthodologie proposée.

Les cadres de direction aspiraient avant tout à travailler sur des éléments concrets de mise en œuvre du plan d'entreprise plutôt que de participer à la co-construction d'un parcours d'accompagnement managérial. Il manquait en outre l'espace de « respiration », d'échanges et de prise de recul sur le rôle du cadre de direction au sein du groupe.

La DRH en a tiré l'enseignement qu'il est indispensable de dissocier la réflexion sur la mise en œuvre d'un plan d'entreprise d'une part des cycles d'accompagnement des cadres de direction d'autre part. L'objet de ces cycles d'accompagnement est de favoriser les bonnes conditions de réalisation du plan d'entreprise mais pas d'être un levier de sa construction ni de sa mise en œuvre.

2010 : atelier « Animer des équipes mixtes, pluriculturelles et multisites »

Ayant tiré les enseignements de cette expérience, la direction des ressources humaines recentre son action sur des rencontres de cadres dirigeants autour d'une thématique majeure vécue par les cadres de direction : l'animation d'équipes de statuts mixtes, multisites et multiculturelles.

Cette nouvelle action vise à :

- appréhender, *via* un cas concret, l'innovation et la créativité qui peuvent naître d'une complémentarité de cultures, d'expertises et de modes de pensée ;

- appréhender les bénéfices qu'apportent les différences en privilégiant l'expérimentation ;

- permettre une prise de recul sur ses propres modes de fonctionnement afin de prendre conscience de ce qu'est un état d'esprit favorable à la coopération interculturelle ;

- procurer des points de repère dans l'approche de la pluriculturalité en utilisant des supports et des modèles simples.

L'atelier se tient durant deux jours à Saint-Malo, sous la forme d'un voyage dans l'histoire à travers l'analyse de la réussite puis du déclin des Malouins. Il met en avant le principe pédagogique de « décentration », en vue d'inciter les participants à sortir des cadres de référence classiques pour mieux comprendre l'intérêt de s'appuyer sur la diversité des profils et des modes de fonctionnement.

« Professionnaliser les managers de proximité »

Depuis le rapprochement, la direction a travaillé à l'accompagnement des cadres dirigeants et des managers opérationnels. Avec le lancement du nouveau plan d'entreprise, il est nécessaire de couvrir l'ensemble des organigrammes afin de continuer à avancer dans le rapprochement des organisations et des cultures. Les managers de proximité ne bénéficient pas en 2009 de cursus d'accompagnement commun et n'ont donc aucune occasion de se rencontrer et de partager dans des ateliers de formation. En 2009, la direction des ressources humaines s'empare de ce sujet en s'appuyant sur les expertises acquises par les deux groupes avant leur rapprochement.

En effet, avant 2008, si les managers de tous niveaux hiérarchiques étaient formés ensemble dans un même cursus de formation (l'université des managers) chez LA MONDIALE, les managers du groupe AG2R étaient formés et accompagnés en fonction de leur niveau. Le groupe AG2R avait ainsi développé en 2007 un cycle de professionnalisation pour accompagner la création de l'emploi d'animateur d'équipe en gestion.

Ce cycle, très opérationnel, organisé sur huit mois, débutait lors de la prise de fonction de l'animateur d'équipe et visait à :

- acquérir les compétences fondamentales nécessaires pour l'exercice de ses responsabilités managériales ;

- évaluer ses pratiques ;

- centrer son action sur une réalité opérationnelle.

La direction formation décide d'ouvrir ce cycle à l'ensemble des nouveaux animateurs d'équipe recrutés. Elle ajoute ainsi une nouvelle brique à son offre d'accompagnement des managers.

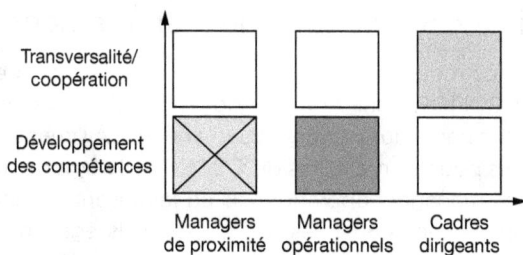

Matrice cibles et objectifs de professionnalisation
managériale

2011-2012 :
les « Rencontres du management »

À compter de 2011, en s'appuyant sur les expériences menées auprès des cadres de direction, la direction des ressources humaines prend conscience de la nécessité d'accompagner et d'animer de façon régulière les managers opérationnels, dont le rôle évolue lui aussi progressivement. Le groupe AG2R LA MONDIALE décide de franchir un pas supplémentaire dans le processus de professionnalisation du management en organisant des rencontres des managers opérationnels.

Institutionnalisation de la ligne managériale opérationnelle : création du COMOP

Préalable incontournable à cette action d'animation, un travail de définition de la population des managers opérationnels aboutit à l'identification et à la formalisation du comité des managers opérationnels (COMOP) regroupant cinq cent cinquante managers. L'institutionnalisation de cette ligne managériale participe à un objectif de valorisation des managers opérationnels tout en clarifiant la structure hiérarchique du groupe.

Séminaires « Rencontres du management »

Ces rencontres mobilisent les cinq cent cinquante managers opérationnels du COMOP, dans le cadre de dix sessions de cinquante à soixante participants durant vingt-quatre heures. À l'image des objectifs poursuivis pour les membres du COCOMA, il s'agit de développer le réseau des managers opérationnels en favorisant les échanges et l'instauration de liens entre ces managers, mais également avec le COCOMA, le comité de direction générale et le comité exécutif.

Elles constituent la première étape d'un processus pérenne visant à animer le réseau des managers opérationnels à travers la connaissance réciproque, le partage d'expériences et l'apport de clés de compréhension partagées.

Un séminaire fondé sur l'expérientiel

Le séminaire n'a pour objectif ni de fournir des « recettes » aux managers, ni de déployer des standards de management, mais de favoriser le partage d'expériences, au plus près de la réalité quotidienne des managers. Aussi est-il conçu de sorte à s'adresser à un public varié, avec des expériences et des parcours divers, et à valoriser leur activité de managers.

Ces sessions de vingt-quatre heures sur deux jours poursuivent trois objectifs :

- faire se rencontrer les managers dans leur diversité, en favorisant les moments de partage et de découverte des métiers et de chacun, pour permettre un développement des connaissances du groupe dans sa diversité ;

- mutualiser les pratiques, pour décloisonner les pratiques, les métiers et les différentes origines des participants (métier, origines AG2R ou LA MONDIALE, parcours, etc.), mais aussi faire circuler l'information, au-delà du temps du séminaire ;

- enrichir la culture commune, par le partage d'expériences et les apports externes visant à développer l'agilité des managers opérationnels face à la complexité.

Contrairement à l'expérience « Apprendre à oser », et en s'appuyant sur les facteurs de réussite de l'atelier « Animer des équipes mixtes, pluriculturelles et multisites », les retours des managers opérationnels comme du comité exécutif et du COCOMA ont été positifs. Cette initiative, très attendue, a semble-t-il répondu, au bon moment, aux préoccupations de managers très sollicités dans un environnement de plus en plus complexe.

L'ingénierie déployée pour ces dix séminaires, largement fondée sur l'expérientiel, a permis de répondre à un besoin très fort des managers opérationnels de mieux se connaître et d'échanger en toute bienveillance sur des problématiques particulièrement ardues (conduite du changement, qualité de vie au travail, management de la performance...). Les apports formatifs, peu nombreux et synthétiques, ont permis de structurer et de mettre en perspective des échanges laissés largement à l'initiative des participants.

Le rythme très soutenu du séminaire, parfois pointé du doigt par les participants, constituait en soi un véritable parti pris pédagogique, l'enjeu étant de créer une sorte de mouvement « brownien » pour multiplier les échanges sur des thématiques diversifiées.

Lors des ateliers proposés au cours de ces séminaires, le choix des participants s'est massivement porté sur deux thématiques : le management du changement d'une part et la qualité de vie au travail d'autre part. En dépit de leur grande diversité, l'ensemble des managers opérationnels ont ainsi exprimé des besoins de formation et d'approfondissement communs.

C'est notamment sur cette base que les équipes RH ont pu enrichir le parcours « 1 001 Managers », en intégrant de nouveaux modules centrés sur ces thématiques spécifiques.

Le groupe AG2R LA MONDIALE, grâce aux « Rencontres du management », complétait ainsi son offre d'accompagnement :

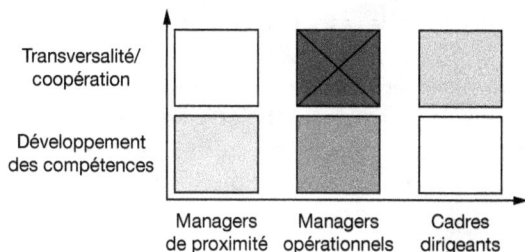

Matrice cibles et objectifs de professionnalisation managériale

2012-2013 : les « Rencontres du COCOMA » et des managers de proximité

En 2012, au regard de l'intérêt suscité par les « Rencontres du management » auprès des managers opérationnels (COMOP), la DRH décide de les décliner sur l'ensemble des lignes managériales, à commencer par les membres du COCOMA.

S'inspirant des rencontres du management et de l'atelier « Animer des équipes mixtes, pluriculturelles et multisites », le groupe lance les « Rencontres du COCOMA », un cycle structuré autour d'un fil rouge : « Regarder ce qui change – Les grands enjeux du management ».

Ce cycle se compose de trois ateliers, au choix :

- évolutions continues et management ;

- contraintes et innovation ;

- sens, confiance et coopération.

En 2013, un atelier « Équilibres, diversité et management » complète l'offre d'accompagnement.

La pédagogie utilisée dans ce dispositif est détaillée dans le principe 5 intitulé « le bon moment ». Les nouveaux cadres dirigeants ne bénéficient pas à ce stade de parcours d'accompagnement lors de leur entrée au COCOMA. Le groupe propose alors aux nouveaux membres du COCOMA de suivre les trois ateliers afin d'accélérer la connaissance des autres membres du COCOMA.

Ces actions s'inspirent de l'esprit des « Rencontres du management ». Elles suivent une approche expérientielle favorisant l'échange et le partage pour renforcer le réseau et la transversalité. Ces échanges s'organisent sur la base de techniques d'animation inspirées du codéveloppement, avec des apports formatifs courts et structurants et des thématiques en lien avec les problématiques quotidiennes et opérationnelles des participants.

Le recours au « détour » est utilisé pour la première fois dans le groupe. Il sert aux participants à développer leur capacité d'innovation, d'inspiration et d'ouverture sur d'autres univers. Ainsi, un chercheur en astrophysique est venu partager son expérience avec le monde de l'entreprise autour des évolutions continues, un architecte urbaniste sur l'innovation dans la contrainte et un pédopsychiatre sur la construction de la confiance par le regard. Autant d'expériences venues développer les capacités réflexives des cadres de direction du groupe.

Dans la foulée, la DRH déploie cette approche auprès des managers de proximité, sur le même format que les « Rencontres du COMOP », autour d'un fil rouge adapté aux problématiques managériales quotidiennes des managers de proximité : au quotidien, allier expertise et management – être le garant de la qualité de vie au travail au quotidien par une communication de proximité.

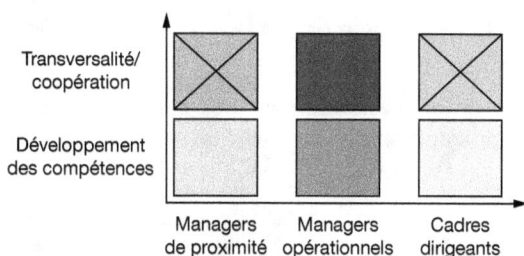

Matrice cibles et objectifs de professionnalisation managériale

Animation des lignes managériales

En poursuivant et en approfondissant le déploiement des actions d'accompagnement au-delà de la prise de fonction pour les trois lignes managériales, la DRH porte également la conviction forte que le management ne s'apprend pas une bonne fois pour toutes mais se réapprend régulièrement.

2013 peut être qualifiée d'année de la maturité en termes d'accompagnement managérial :

▪ déploiement et maintien dans le temps d'actions de développement des compétences, notamment pour la prise de fonction, issues des savoir-faire acquis dans les deux entités d'origine (AG2R et LA MONDIALE). Non seulement les événements et changements successifs ont permis d'innover, mais ils ont également permis la construction d'une politique d'accompagnement cohérente et pérenne ;

- développement d'actions visant à renforcer la transversalité et la coopération des équipes, en ancrant dans le temps des sessions d'échanges et de partages entre managers alliant développement des compétences et développement du réseau des managers, ces deux axes étant tout aussi importants pour identifier de nouveaux leviers d'action opérationnels au quotidien.

À l'issue de six années de structuration d'une politique managériale dans un contexte de changement permanent, les différentes lignes managériales sont identifiées et structurées.

Leur animation se renforce progressivement, autour des deux axes développés au fil des ans :

- le maintien et le développement des capacités des managers à collaborer et à agir en transversalité, avec un accompagnement et une animation favorisant les échanges entre les managers ;

- le développement des compétences, avec des formations, d'abord au moment de la prise de fonction puis dans le cadre de modules adaptés aux besoins exprimés par les managers et tenant compte de leurs préoccupations du moment.

L'histoire du groupe AG2R LA MONDIALE l'a conduit à faire face à de nombreuses évolutions (changements réguliers d'organisation suite à de nouveaux regroupements, partenariats, évolutions réglementaires, changements d'outils informatiques, etc.). Et, de fait, sa politique managériale s'est inscrite dans cet environnement en perpétuel changement, d'autant qu'elle a été pensée de manière incrémentale, en s'appuyant d'abord sur une population de managers délimitée avant d'être déployée et adaptée à toutes les strates managériales.

Axe 2 Transversalité /coopération	**Rencontres des managers de proximité 2012-2013**	**Rencontres du COMOP** • Session 2011-2012 : réalisée • Session 2013-2014 : en construction	**Rencontres du COCOMA** *Appréhender ce qui change* • Évolutions continues et management • Contraintes et innovations • Sens, confiance et coopération • Équilibre, diversité et management
Axe 1 Développement des compétences	**Cycle de professionnalisation des managers de proximité**	**1 001 Managers** Cursus de prise de fonction **1 001 Managers** Ateliers personnalisés **Offre DIF Management** • Manager la créativité et l'innovation • Manager des équipes intergénérationnelles **Cycle management commercial EDHEC**	• **Accès à des cursus de haut niveau :** - CEP management de la protection sociale - CHEA • **Participation à la Chaire ESSEC du Changement** - Expédition apprenante - Rencontres internationales du changement • **Actions de coaching**

Managers de proximité   COMOP   COCOMA

Matrice des actions de professionnalisation des managers

En résumé

La formalisation de ces actions sous forme de politique managériale s'est faite *a posteriori*, dans un souci constant de créer du lien entre les différentes lignes managériales et de faire de la politique managériale un tout cohérent.

Les grands principes d'une politique managériale

L'étude du cas AG2R LA MONDIALE nous permet d'avancer des principes pour déployer une politique managériale.

Principe 1 : l'expérimentation et la généralisation

La logique retenue pour déployer les actions d'animation et de professionnalisation des managers n'est pas celle du déploiement uniforme et d'un seul tenant d'un produit standard. Bien au contraire, les différents dispositifs ont systématiquement été conçus sur mesure, en concertation avec des représentants des managers concernés, les responsables de la formation ainsi que des prestataires externes choisis pour leurs capacités d'innovation.

L'analyse historique de la sélection des prestataires participant à la définition et à la mise en œuvre des actions auprès des différentes populations de managers montre qu'à chaque création d'un nouveau dispositif correspond un nouveau prestataire. Le principe étant de réinventer les dispositifs (séminaire en lien avec l'histoire à Saint-Malo, « Rencontres du management » en mode expérientiel, ou encore séminaires « Appréhender ce qui change » pour inciter les managers à faire un pas de côté et appréhender différemment les grands enjeux du management).

Par ailleurs, l'équipe Formation a systématiquement mis en place des équipes projets et prévu des temps de coconstruction et d'expérimentation, le tout piloté par un comité de pilotage régulier rassemblant les principaux sponsors de la démarche, des managers représentant les métiers du groupe ainsi que les équipes RH. En général, une période de trois mois est consacrée à chaque projet en vue d'interroger les besoins des bénéficiaires, d'envisager des modalités innovantes, de construire un pilote et de le tester.

Ce travail de conception et d'expérimentation permet tout autant d'innover que d'essuyer les plâtres. Pour les « Rencontres du management », par exemple, trois mois de travail ont été nécessaires pour construire une structure (chemin de fer), le contenu et les modalités d'animation. Le dispositif a ensuite été testé lors d'un séminaire à blanc, qui a conduit à revoir substantiellement son format et son contenu. Ainsi, le projet des « Rencontres du management » a été initié en juin 2011, le pilote a été réalisé en septembre et le premier séminaire a été lancé début novembre.

Ensuite, la phase de généralisation intervient à l'issue d'un travail de conception et de test permettant de s'assurer de l'intérêt et de la robustesse du dispositif. Elle répond à un impératif de déploiement à la fois quantitatif et qualitatif, mais aussi de standardisation afin que tous les managers bénéficient d'un dispositif identique. La dimension innovante vise à surprendre les bénéficiaires et à faire profiter les managers des dernières tendances en matière d'animation. Par ailleurs, il est à noter que le mode de pilotage de la phase de généralisation a pour objectif de valider le bon déroulé du dispositif et son appréciation par les bénéficiaires.

Au total, le couple expérimentation/généralisation représente une manière de concevoir les dispositifs d'une politique managériale permettant d'allier capacité d'innovation et capacité de déploiement. Il constitue le premier des dix principes clés que nous avons retenus pour la mise en œuvre d'une politique managériale.

Principe 2 : le *cascading* hiérarchique et la subsidiarité

La politique managériale menée par AG2R LA MONDIALE ne s'est pas matérialisée par un programme global, ni en termes de périmètre, ni en termes d'actions ou d'objectifs. En effet, elle ne constitue pas un grand chantier en tant que tel, mais un ensemble de petits chantiers qui s'agrègent les uns aux autres pour lui donner corps.

Dans cette logique de « petits pas », le groupe a initié ses premières actions en matière de politique managériale pour les dirigeants avant de procéder au *cascading* hiérarchique, c'est-à-dire au test du dispositif par niveau hiérarchique, tant en termes d'actions de professionnalisation et d'animation que de labellisation institutionnelle. Ainsi, un groupe de personnes de même niveau hiérarchique travaillent ensemble dans le cadre d'un ou plusieurs dispositifs de formation et d'animation. Ces actions constituent les actes constitutifs du groupe concerné et posent les fondements d'une culture commune entre les participants. Une fois les actions réalisées et le groupe constitué, le dispositif est institutionnalisé avec une appellation, des missions et des modalités de professionnalisation. Ce n'est qu'à ce moment-là que l'entreprise commence à s'intéresser aux autres niveaux hiérarchiques, en cherchant à reprendre ou tenir compte de ce qui a été précédemment.

C'est dans cette logique qu'ont été créées les instances suivantes.

	Instances[1]	Date de création	Membres[2]	Volumétrie[2]
1	COMEX	2008	Les membres du comité exécutif (6 pers.).	6 pers.
2	CODG	2009	Les membres du comité exécutif et du comité de direction générale (14 pers.).	20 pers.
3	COCOMA	2008	Les membres du comité de direction générale et les cadres de direction (141 pers.).	167 pers.
4	COMOP	2012	Les membres du COCOMA et les managers opérationnels (550 pers.).	717 pers.
5	COPROX	2013	Les membres du COMOP et les managers de proximité (253 pers.).	970 pers.

1. Chaque instance, quand elle est réunie, regroupe les niveaux supérieurs.
2. Nombre de personnes en 2013.

Entre 2008 et 2012, cinq instances managériales ont été créées Au final, ces cinq instances représentent un millier de personnes, soit 13 % de l'effectif total (7 600 personnes environ).

De manière chronologique et avec la volonté de stabiliser les niveaux de managers auront donc été créés le COMEX puis le CODG, le COCOMA, le COMOP et le COPROX. Autant de niveaux qui bénéficient d'une double animation, à l'initiative de la direction générale sur la réalisation de séminaires autour de l'actualité stratégique d'une part, et à l'initiative de la direction des ressources humaines pour ce qui relève de l'accompagnement et du développement managérial d'autre part.

Cinq années auront été nécessaires à l'entreprise pour créer ces cinq niveaux de management, initiés dans le cadre du premier plan d'entreprise de l'entreprise en 2009.

La volumétrie est croissante d'une instance à l'autre, les managers de terrain étant les plus nombreux. Le principe du *cascading* hiérarchique permet de construire des strates des plus petites aux plus grandes afin de bénéficier des effets d'expérience sur des cibles toujours plus importantes. Il présente aussi la vertu de l'exemplarité. Ainsi, une direction sera d'autant plus légitime à solliciter sa ligne managériale qu'elle se sera, au préalable, livrée à l'exercice.

Dans ce cadre, la notion de subsidiarité a toute son importance également : ce qui est décliné à un niveau permet au niveau inférieur d'identifier ce qui est de son ressort au regard du niveau supérieur.

Mis en œuvre de manière pragmatique, le déploiement par strates du sommet vers la base s'est avéré être une bonne pratique, qui peut être retenue comme le deuxième principe de déploiement d'une politique managériale.

Principe 3 : le portage par une fonction support

La notion de management est partagée dans l'entreprise. La direction générale, les directions métiers, la direction des ressources humaines ou encore l'université d'entreprise sont autant d'entités qui peuvent revendiquer une possibilité d'action et d'intervention sur ce thème.

Par ailleurs, le management au sein d'une même entité est partagé par les différents niveaux (managers de première ligne, managers de deuxième ligne, etc.). Chaque niveau peut revendiquer des prérogatives de professionnalisation pour ses collaborateurs. Dès lors, un des risques fréquemment rencontrés en matière de politique managériale est la multiplication des actions, sans coordination. Et pour cause, un manager organise un partage de pratiques avec son équipe, une direction métier déploie une action de formation et la direction de la formation lance un cursus professionnalisant. Toutes ces actions peuvent donner une impression de non-coordination susceptible de décrédibiliser la démarche proposée.

À cet égard, l'exemple d'AG2R LA MONDIALE est particulièrement intéressant. Par la désignation d'un point de portage unique pour toutes les actions de professionnalisation, le groupe a su limiter cet effet de foisonnement désordonné. En effet, toutes les actions de professionnalisation ont été gérées par l'équipe Formation, qui a su se positionner en véritable prestataire de services interne. Elle n'a imposé aucun des programmes et des dispositifs de professionnalisation, mais s'est positionnée en tant qu'acteur en charge de construire et de proposer des solutions à partir des besoins exprimés par les managers, les métiers, la DRH ou encore la direction générale.

Au travers de ce positionnement, l'équipe Formation ne gère pas un « catalogue » de formations mais construit et anime, dans le temps, des dispositifs sur mesure, en relation avec les besoins et les attentes de ses différents interlocuteurs/clients au sein du groupe. Pour y parvenir, elle a bénéficié d'une certaine stabilité de ses collaborateurs, qui lui a permis d'accumuler une connaissance historique des populations managériales et des actions déployées pour elles. Or cette connaissance historique constitue un atout certain, car elle permet de capitaliser dans le temps et d'œuvrer avec une mémoire.

Très souvent, les actions d'une politique managériale sont réalisées à l'occasion d'importants changements. Les dirigeants entendent alors insuffler leur style et marquer une ère nouvelle. Sans une approche historique de la politique managériale, une même action peut être répétée plusieurs fois, en engendrant au minimum une forme d'ennui et au pire un rejet, si elle n'avait pas donné satisfaction au préalable.

Le principe de centralisation et de permanence du portage de la politique managériale par une entité participe du succès d'une politique managériale. Il peut être mis en œuvre par une structure dédiée, en l'occurrence l'équipe Formation chez AG2R LA MONDIALE, et/ou par des personnes. La personnalisation est intéressante en ce qu'elle permet d'incarner la démarche. En revanche, elle risque de fragiliser le dispositif, qui peut s'arrêter avec le départ des personnes concernées.

Principe 4 : la transversalité

Le management de la fonction commerciale est-il le même que celui de la fonction comptable ou de tout autre métier ? La réponse est résolument affirmative dans le cadre d'une politique managériale. En effet, tel qu'il est décrit tout au long de cet ouvrage, le management est un ensemble de pratiques, d'outils et de comportements qui permettent une action collective performante. Ses principes sont transverses et s'appliquent à toutes les fonctions de l'entreprise. Cela étant, il existe des spécificités à la fois techniques, de valeurs et de contexte qui amènent les managers à décliner les principes de ce socle commun en fonction de leur environnement fonctionnel.

Un des principes de l'expérience AG2R LA MONDIALE a été de mélanger dans les actions de professionnalisation les managers des différents métiers. Les commerciaux rencontraient les comptables, les gestionnaires, les informaticiens, etc. De nombreuses entreprises se plaignent de leur fonctionnement en silos. Les actions de formation et de professionnalisation constituent des occasions pour que les managers apprennent à connaître les autres métiers et développent la transversalité. Ce mélange des métiers permet par ailleurs aux participants de parler de management sans être « pollués » par des sujets métiers qui pourraient faire dériver les échanges des objectifs initiaux.

Quelques techniques pédagogiques et modalités d'animation permettent de profiter pleinement de cette transversalité. Dans le cadre des « Rencontres du management » pour les managers opérationnels, dix groupes de cinquante à soixante managers opérationnels intermétiers ont été constitués. Tous les métiers de l'entreprise étaient représentés en veillant à l'équilibre des métiers au sein des groupes. Un des ateliers les plus appréciés par les managers lors de ces « Rencontres » était « le jeu de cartes ». Au début du séminaire, les participants recevaient chacun cinquante cartes de visite avec pour objectif de les distribuer entièrement et de recueillir, en retour, cinquante cartes de visite remises par les autres participants. Les activités pendant deux jours prévoyaient des temps d'échanges entre les personnes de telle manière qu'elles apprennent à se connaître et puissent échanger sur leurs problématiques avec l'objectif que ces relations intermétiers perdurent au-delà des rencontres du management. Un autre atelier pendant ces rencontres consistait à organiser des présentations croisées de projets en cours de réalisation dans son métier, permettant ainsi aux participants d'avoir une idée de ce qui se faisait dans les autres métiers.

Les dispositifs de la politique managériale sont des moments de professionnalisation d'une part et d'amélioration de la connaissance des métiers et des fonctions entre elles d'autre part. Ce sont autant d'occasions de rencontres, d'échanges et de tissage de liens. De ce point de vue, la transversalité ne se décrète pas, elle s'expérimente.

Certaines entreprises exercent leur activité sur plusieurs sites. Les fonctionnements et identités de ces différents sites peuvent présenter des différences qu'il est important de partager. Les organisateurs des manifestations doivent veiller à ce qu'une bonne transversalité soit assurée dans chacun des groupes constitués. Pour opérer cette mixité fonctionnelle et géographique, les systèmes d'information RH doivent être suffisamment bien renseignés et actualisés.

Un autre élément de transversalité vient de l'expérience. Dans un groupe, il peut ainsi être intéressant de faire travailler ensemble et d'amener à se connaître des personnes avec une forte comme une faible ancienneté.

Plusieurs indicateurs permettent de s'assurer que ces critères de transversalité sont réunis :

- nombre de métiers/nombre de participants : plus ce ratio est proche de 1 et plus le nombre de métiers représentés est important. Par exemple, dans un groupe de cinquante personnes, la transversalité est validée lorsque au moins cinq métiers sont représentés, ce qui donne un ratio de 0,1 ;

- nombre de sites/nombre de participants : plus ce ratio est élevé et plus le nombre de sites représentés est important. Une bonne mixité de site correspond à deux sites pour dix personnes, soit un coefficient de 0,2 ;

- ancienneté médiane du groupe : il s'agit de déterminer combien de personnes ont une ancienneté inférieure de 50 % à l'ancienneté médiane afin d'apprécier la ventilation de l'ancienneté dans le groupe.

La recherche de transversalité, et plus généralement la volonté de sortir le management de la technique des métiers, constitue un autre principe de déploiement d'une politique managériale.

Principe 5 : le laboratoire d'idées

« Ne jamais refaire deux fois la même chose et être en innovation permanente » pourrait être le slogan de la politique managériale d'AG2R LA MONDIALE.

Et de fait, au travers de ses actions en matière de politique managériale, le groupe a développé de manière informelle une forme de laboratoire d'idées. Chaque projet de professionnalisation a été l'occasion pour l'équipe Formation non seulement de répondre à la demande interne, mais également d'initier une action de recherche. À partir d'une demande, elle recherche – avec des partenaires ou par elle-même – toutes les manières innovantes de traiter le sujet, tout en tenant compte des contraintes de temps, de coût et de faisabilité. La direction de la formation n'attend pas d'un partenaire un produit fini, mais la définition d'un processus au cours duquel elle aura la possibilité de « brainstormer », d'avoir accès aux innovations et de tester des nouvelles manières de penser et de faire. Ce n'est qu'après cette phase de recherche et développement (R&D) que l'équipe Formation se met en mode production. Agissant à l'instar d'un laboratoire de R&D, l'équipe construit avec ses partenaires un prototype qu'elle teste avant sa généralisation.

L'équipe Formation joue à la fois le rôle de maîtrise d'ouvrage des projets de professionnalisation et de laboratoire d'idées. Elle permet l'expression et la communication d'idées innovantes sur le thème de la professionnalisation. Ce passage obligé pour les actions de politique managériale façonne en même temps les actions avec un aspect innovant et une culture orientée qualité de la prestation et innovation en amont.

Par exemple, pour le cycle des « Rencontres du COCOMA », la direction de la formation a souhaité organiser des rencontres sur le thème « Regarder ce qui change : les grands enjeux du management ». Elle a alors travaillé avec un cabinet spécialisé sur la création de dispositifs singuliers, fondés sur le regard et traitant de l'innovation, de la coopération et de la reconnaissance. Au final, le cycle ainsi développé est fondé sur le principe de la triangulation (regrouper un triptyque d'intervenants) :

- les cadres dirigeants du groupe, qui partagent leur expérience de praticiens et d'experts du management dans le cadre du dispositif pédagogique ;

- un praticien reconnu, issu d'un autre univers que celui de l'entreprise, qui apporte son regard et son expérience sur le sujet donné ;

- un universitaire, qui s'appuie sur les deux regards précédents pour interroger le corpus intellectuel relatif au sujet donné.

L'articulation de ces trois regards permet aux participants de faire le tour d'une problématique donnée et les incite à développer des idées neuves relevant de leur pratique managériale.

Ce type de dispositif requiert la recherche d'une identité propre afin de valoriser les participants, mais surtout de continuer d'étonner et d'innover dans la professionnalisation des cadres dirigeants. Ainsi, chacun des ateliers de ce cycle se déroule dans des lieux insolites, rarement privatisés et en lien avec les invités. Chaque atelier est enfin développé spécifiquement pour le groupe autour de ses enjeux propres.

Par ailleurs, il convient de préciser que cet ouvrage est l'un des résultats de ce fonctionnement en laboratoire d'idées. En cherchant à capitaliser sur les actions de professionnalisation menées, il a été décidé, avec de nombreuses itérations, de formaliser la notion de politique managériale pour expliquer ce qui a été fait et donner de la perspective aux actions futures. Dans cette optique, la direction de la formation a participé aux activités de recherche de la chaire ESSEC du Changement dont elle est, au titre d'AG2R LA MONDIALE, partenaire.

Au total, fonctionner en mode laboratoire d'idées constitue un principe fort pour la construction et le déploiement d'une politique managériale. C'est à la fois une manière de faire et d'être, synonyme d'innovation et d'engagement.

Principe 6 : les rôles du manager

La culture des managers est très forte au sein du groupe AG2R LA MONDIALE. Et elle l'était déjà auparavant, dans l'histoire de chacune des entités initiales. C'est donc de manière partagée que la notion de manager est associée à celle de responsabilités.

Il s'agit véritablement d'une culture des managers plus que du management, avec une place importante accordée aux différents niveaux de managers. Dans la plupart des discours des dirigeants, les managers sont d'ailleurs systématiquement cités et mis en valeur. C'est ainsi que le directeur général a conclu son discours introductif de 2012 aux « Rencontres du management » par la phrase suivante : « C'est vous, les managers opérationnels, qui faites tourner la maison et qui êtes la cheville ouvrière de toute notre stratégie. »

En charge de petites équipes réparties sur de nombreux sites, les managers ont une réelle visibilité et existence sociale dans le groupe. Ils sont ceux qui encadrent l'expertise technique, relaient la stratégie et incarnent la responsabilité de la production. Dès 2009, pour éviter toute dérive techniciste et équilibrer l'expertise technique avec la compétence managériale, AG2R LA MONDIALE a mis en place le référentiel managérial ci-dessous. Les deux plans d'entreprise (2009 et 2012) eux-mêmes insistent sur le rôle des managers dans leur mise en œuvre et leur déclinaison.

Le référentiel des compétences managériales chez AG2R LA MONDIALE

Relais de la stratégie

- Porter, promouvoir et décliner la stratégie et les orientations de l'entreprise.
- Définir des objectifs et un programme d'actions annuels pour son équipe.
- Définir la contribution de chaque collaborateur quant à l'atteinte des objectifs de l'équipe.

Pilotage de la performance

- Proposer, piloter et gérer les ressources nécessaires dans le cadre budgétaire défini.
- Planifier et organiser son activité.
- Contrôler et valider les résultats obtenus.
- Suivre les résultats et en faire le reporting.
- Mettre en place les actions correctives et évolutives.
- Prendre les décisions adaptées.

Communication

- Porter et relayer les informations relatives à la vie du groupe et de la direction auprès de l'équipe.
- Animer des réunions d'équipe.
- Écouter ses collaborateurs.
- Négocier et trouver les compromis nécessaires à la réalisation des objectifs.
- Convaincre et faire adhérer.
- Gérer les conflits avec diplomatie.

Développement des compétences

- Recruter et intégrer les collaborateurs.
- Apprécier les compétences des collaborateurs.
- Accompagner et renforcer ses collaborateurs dans le développement de leurs compétences.
- Déléguer de manière appropriée.
- Motiver et fédérer ses équipes.
- Respecter les principes d'exemplarité et de diversité.

Conduite du changement

- S'approprier les changements de l'entreprise (organisation, outils, process...).
- Impliquer, suivre et accompagner ses collaborateurs dans les projets de changement.

- Prendre en compte la transversalité dans les actions et décisions.
- Créer et proposer des idées et solutions nouvelles.

Orientation client
- Garantir le respect de l'image et promouvoir les valeurs du groupe.
- Comprendre et intégrer les attentes des clients internes et externes afin de répondre à leurs demandes.
- Responsabiliser ses collaborateurs sur la satisfaction des clients.

Dans le cadre des « Rencontres du management » qui se sont tenues à la fin 2011 et en 2012, l'un des ateliers consistait à interroger les cinq cent cinquante managers opérationnels sur les compétences qui leur semblaient les plus importantes à développer.

Les deux compétences le plus souvent citées étaient :

- le relais de la stratégie ;

- la conduite du changement.

Le manager est un acteur central dans la culture d'entreprise d'AG2R LA MONDIALE. Au-delà des facteurs clés de la construction de la politique managériale, ce positionnement est érigé en principe.

Principe 7 : le bon moment

Le succès d'une action de politique managériale tient tout autant à son contenu qu'à sa programmation. À cet égard, les actions de professionnalisation ne sauraient être menées à n'importe quel moment. Au contraire, pour être pertinentes, elles doivent s'inscrire dans le planning des projets de l'entreprise. En effet, elles jouent le rôle de ponctuation des grands moments que peuvent être un grand projet, un plan d'entreprise, une nouvelle stratégie, le lancement d'un produit, etc. Aussi est-il préférable de réaliser les actions de professionnalisation en amont, au début ou à l'issue d'un grand projet, avec des objectifs de préparation, de lancement ou de capitalisation suivant les cas. Au cours de la mise en œuvre des grands projets, il est préférable que les managers aient les moyens d'être pleinement dans l'action, à l'exception d'événements particuliers.

L'importance de choisir le bon moment se traduit par l'élaboration d'un calendrier à moyen terme (trois ans) des actions de la politique managériale en relation avec les grands projets et autres événements de l'entreprise. Cette programmation peut paraître longue, mais ce terme est le seul qui « colle » avec les cycles des grands projets stratégiques. Elle s'opère de manière glissante, avec une mise à jour annuelle au regard des besoins.

Cette programmation permet aux managers de prendre du recul sur la réalité en train de se construire, tout en leur fournissant des ressources pour finaliser ce qui est engagé et préparer ce qui reste à venir. Cette concordance est toutefois très difficile à organiser en raison des retards possibles des projets et du montage des actions de professionnalisation. Compte tenu de cette difficulté, il apparaît central de penser le format des dispositifs proposés, afin de favoriser la réactivité, et de sélectionner le meilleur médium de diffusion des compétences en fonction des projets et des problématiques en présence. En l'occurrence, trois formats existent chez AG2R LA MONDIALE : les Form'actions, les ateliers de formation en petits groupes et les rencontres.

Les « Rencontres du management » ont été organisées à un moment où les demandes des métiers ont été suffisamment mûres. Elles auraient pu se tenir un an plus tôt, mais le calendrier ne s'y prêtait pas particulièrement. Les métiers ont souhaité que cette action soit réalisée à l'issue du premier plan d'entreprise et avant le lancement du suivant, l'objectif étant de dresser le bilan du premier plan d'entreprise et de professionnaliser les managers en fonction de ce qui était attendu d'eux dans le deuxième plan d'entreprise, lancé début 2012. Elle a concerné cinq cent cinquante managers durant trois mois (de novembre 2011 à janvier 2012), et s'est achevée par l'organisation de la Convention des managers (COMOP) à la fin janvier 2012. Cette convention visait notamment à annoncer le plan d'entreprise AG2R LA MONDIALE 2012-2014.

Affirmer qu'il est indispensable de réaliser les actions au bon moment peut sembler une évidence. Pourtant, dans la pratique, il n'est pas rare de constater des planifications d'actions de formation pas toujours synchronisées avec les grands projets de l'entreprise. Or ce travail de projection dans le temps constitue un exercice intéressant pour les entités en charge de la politique managériale, car il les place en situation d'intégrer les variables stratégiques de l'entreprise,

Finalité de l'action ou du projet à accompagner	Accompagner les prises de fonction	Développer les compétences	Favoriser la transversalité des managers, développer la coopération	Renforcer l'employabilité, fidéliser, passer un cap dans sa carrière
Format pédagogique	Form'action Cf. Cursus de professionnalisation des managers de proximité.	Formation Cf. Parcours 1 001 managers.	Mise en réseau cf. Rencontres du management ou du COCOMA.	Actions spécifiques dédiées et diplômantes.
Spécificités	Transmettre une méthodologie de plan d'action en début de cursus et s'assurer sa réalisation in fine devant un auditoire composé de pairs. Les actions de formation confèrent tout au long du cursus les apports nécessaires à la réalisation du plan d'action sur les compétences identifiées.	Articuler un ensemble d'ateliers complémentaires articulé autour de trois temps forts : • évaluer sa pratique (délégation, leadership, etc.) ; • confronter, partager et échanger les pratiques ; • développer de nouvelles compétences grâce aux apports d'un intervenant reconnu pour sa pratique.	Créer un événement regroupant un ensemble d'acteurs divers afin de tisser et développer du lien entre les managers concernés. Une organisation en résidentiel permet d'accroître le sentiment d'appartenance et de reconnaissance des managers invités.	S'appuyer sur un partenaire reconnu de type université ou école de commerce afin de permettre aux managers identifiés d'avoir accès à un cursus de haut niveau leur permettant de franchir un cap dans le développement de leurs compétences managériales.
Format adapté pour...	Premières prises de fonction managériales. Petits groupes pour favoriser l'apprentissage.	Prises de fonction de managers ayant acquis une expérience professionnelle et/ou de management. Petits groupes pour favoriser l'apprentissage.	Managers en place. Grands groupes (> 50 personnes).	Managers à potentiel. Petit nombre de personnes identifiées en amont par le groupe.

et contraint les directions générales à se positionner en termes de besoins par rapport à la politique managériale.

Ainsi, « au bon moment » et la planification des actions sur trois ans apparaissent comme un principe intéressant à retenir pour le déploiement d'une politique managériale.

Principe 8 : l'expérientiel

Le management n'est pas envisagé comme une compétence technique, mais comme un comportement. De cette posture découle un principe pédagogique et d'apprentissage. Le management ne s'apprend pas seulement par des théories et des méthodes, mais nécessite d'en faire l'expérience, pour identifier ses forces et ses faiblesses dans ce domaine. Cette acception conduit à réaffirmer l'idée selon laquelle le management ne s'apprend pas mais se réapprend constamment, dans le cadre d'une analyse de ses pratiques et/ou de l'apport des théories et méthodologies existantes.

AG2R LA MONDIALE n'a pas souhaité prendre des contenus de formation « sur étagère », c'est-à-dire des contenus standard centrés sur les seules théories et méthodes. En revanche, il importait que pour chaque niveau de managers soit constitué un dispositif sur mesure, adapté à la fois à la population visée, au contexte et aux objectifs pédagogiques. Cela s'est matérialisé par des temps de conception plus longs.

Les « Rencontres du management », par exemple, ont nécessité cinq mois de cadrage/préparation, avec la composition d'une équipe projet mixte entre des membres de la direction de la formation et des représentants du prestataire sélectionné pour sa capacité à produire un dispositif spécifique et à adopter une posture de « producteur sur mesure » de dispositifs de professionnalisation. Ces formations sur mesure ont été construites avec des apports de contenus, des échanges entre les managers et des ateliers participatifs expérientiels durant lesquels les participants échangeaient sur leurs pratiques en vue d'apprendre les uns des autres les manières d'appréhender et de solutionner les problèmes.

Par ailleurs, dans le cadre de ces « Rencontres », des ateliers intitulés « Bulles d'échanges » regroupant cinq personnes et d'une durée d'une heure ont été organisés sur les thèmes suivants : le courage managérial, la gestion de l'incertitude, le développement de l'écoute et la coopération pour la transversalité. Au cours des quinze premières minutes, les participants réalisent un tour de table sur leur vécu et leurs attentes dans la thématique choisie. Ensuite, l'une des attentes exprimées est retenue et traitée en termes d'analyse et de plan d'action par les autres participants, qui jouent le rôle d'un consultant interne. Pour des thèmes qui font du vécu la première composante du dispositif d'apprentissage, le mode expérientiel semble le mieux adapté pour que les participants prennent conscience du sujet, de leur niveau et de leurs perspectives d'amélioration.

À l'issue de ces « Rencontres », le groupe AG2R LA MONDIALE a prolongé, approfondi et renforcé l'expérience en généralisant les pratiques de codéveloppement[1] pour ancrer dans le temps l'apprentissage des pratiques managériales. Responsabilisante et centrée sur la résolution des problématiques managériales du quotidien, cette technique permet aux managers de :

- se positionner, sur le fond et au-delà de la résolution des cas, en acteurs de leur développement ;

- développer, sur la forme, leur posture d'écoute, de prise de recul et de reformulation.

Par ces échanges structurés autour d'un cadre fixe, les managers, d'une part, renforcent leur sentiment d'appartenance à un métier en tant que tel et, d'autre part, développent leur confiance en eux et dans le groupe ainsi formé. Autant de bénéfices nécessaires pour disposer d'une ligne managériale impliquée et compétente dans l'accompagnement des transformations de l'entreprise.

L'exemple d'AG2R LA MONDIALE témoigne de l'intérêt du mode expérientiel, qui impose de trouver les bons dispositifs pour faciliter les échanges des participants sur leurs pratiques et leur permettre de dégager de cette expression à la fois un diagnostic et des actions d'amélioration. L'expérientiel, qui signifie apprentissage

---

1. *Cf.* annexe 3.

par l'expérience, se différencie ainsi de la pédagogie présentielle qui vise à délivrer un contenu théorique et/ou méthodologique aux participants. Concernant ses différentes actions de professionnalisation, AG2R LA MONDIALE a précisément opté pour la méthode pédagogique de l'expérientiel, afin que les participants n'aient pas l'impression d'un enseignement décorrélé de leurs pratiques et que les échanges entre pairs alimentent la démarche.

Le mode pédagogique qualifié d'expérientiel constitue à la fois un principe et un critère du succès du déploiement d'une politique managériale, comme le démontre l'expérience de l'entreprise AG2R LA MONDIALE.

Principe 9 : la justesse du symbole

Toute action de la politique managériale revêt une forme de reconnaissance. Ainsi, convier un manager à une action de ce type témoigne du poids et de la valeur de sa contribution.

En raison de cette dimension de reconnaissance, les actions de politique managériale intègrent à la fois un substrat technique et une forme symbolique. Le substrat technique est constitué du fond et de la forme, le fond étant le sujet traité et la forme la manière dont celui-ci est abordé. Pour citer cet exemple, un travail sur le bien-être peut être abordé par des ateliers d'échanges de pratiques, par une conférence ou même par un jeu. La forme symbolique est autant dans l'action elle-même que dans son contexte de réalisation. De manière quasi processuelle (avant, pendant et après), il s'agit de prêter attention aux éléments irritants ainsi qu'aux petites attentions.

- Avant l'action : l'organisation de l'action de formation a-t-elle permis de prévenir les participants suffisamment à l'avance ? Est-elle mise en œuvre en accord avec les demandes et/ou les *desiderata* que les participants ont pu exprimer au préalable ? Les personnes invitées le sont-elles de manière équitable ? Ces questions sont autant de petits détails qui peuvent tout autant valoriser que discréditer une action.

- Pendant l'action : une action doit se dérouler dans un lieu respectueux des temps de déplacement et de l'égard dû aux invités. À ce sujet, le standing du lieu est toujours sujet à échanges. Il ne s'agit pas de retenir le standing le plus élevé, mais celui qui sera jugé comme « normal + ». Cette notion de normalité associée à un petit plus souligne l'importance accordée aux participants. Cet état d'esprit se matérialise au travers de la sélection des lieux de séminaires mais également de restauration. Pour ses « Rencontres du management », par exemple, AG2R LA MONDIALE a retenu l'option d'un hôtel d'une grande chaîne très confortable, à proximité des réseaux de transport, et un dîner dans un château. En outre, un représentant du COMEX participe systématiquement à l'une des tables rondes du séminaire ainsi qu'au dîner de clôture – le statut des intervenants, tant en termes d'expertise que de légitimité institutionnelle, participant pleinement de cette notion de reconnaissance. Les modalités de l'action, notamment sur un thème comme celui du management, doivent tenir compte du fait que les intéressés ne sont pas néophytes, car ils exercent bien souvent une fonction managériale. Aussi convient-il non seulement de prévoir des temps d'expression, mais également d'éviter de placer les participants dans une position de débutant ou de personnes exerçant mal leur activité. Les modalités doivent donc être participatives, sans être pour autant ridicules. Certaines actions, de type apprendre à rire devant un miroir par exemple, méritent que l'on s'interroge sur leur pertinence et la perception que des personnes en situation de responsabilité pourraient en avoir. Attractif et amusant ne signifie pas gadget.

- Après l'action : l'action doit être replacée dans un processus construit dans le temps, afin d'éviter « l'effet soufflet ». Pour cela, il est conseillé de l'appréhender comme un élément d'une chaîne et de la positionner comme telle. Les « Rencontres du management », par exemple, ont clôturé le premier plan d'entreprise et permis une préparation au second, annoncé lors de la Convention des managers (COMOP). Elles se sont en effet déroulées de novembre 2011 à janvier 2012, puis la Convention a eu lieu le 31 janvier 2012.

Toutes ces petites attentions quant à la réalisation des actions de la politique managériale sont autant de signaux de reconnaissance adressés aux principaux intéressés que sont les managers, qui prennent sur leur temps pour y participer et attendent, de ce fait, une qualité technique et des formes de reconnaissance tant de leur statut que de l'effort qu'ils ont consenti.

La justesse des symboles au travers de la recherche de reconnaissance constitue un principe de succès pour la conception et la réalisation d'une politique commerciale.

Principe 10 : capitaliser les succès

Le récit historique de la construction de la politique managériale d'AG2R LA MONDIALE montre que la direction des ressources humaines n'a pas imposé une démarche globale toute faite, mais a capitalisé sur des bouts d'expérimentation réussis en réponse à des demandes exprimées par la hiérarchie et les métiers. Elle s'est positionnée en réceptacle des besoins de professionnalisation et a cherché à construire les dispositifs les plus adaptés aux besoins de ses clients internes. En aucun cas elle n'a cherché à « vendre » un dispositif aux métiers. Bien au contraire, elle leur a proposé des actions sur mesure lorsqu'ils faisaient part d'un besoin particulier.

Un des principes forts de la politique managériale d'AG2R LA MONDIALE a été de ne pas imposer des dispositifs, mais de répondre aux demandes des métiers et de la hiérarchie. Les « Rencontres du COCOMA », par exemple, ont été organisées à la demande de la direction générale qui souhaitait professionnaliser les cadres de direction. En réponse à cette demande, la direction de la formation a créé une première série de rencontres sur le thème du changement, puis une nouvelle série, deux ans plus tard, sur le thème des représentations et de l'action. Ce faisant, elle a joué un rôle de producteur et/ou d'organisateur de la production à une demande. Ce positionnement permet une complémentarité avec les besoins des demandeurs, ainsi qu'une intégration de l'ensemble des actions. Il est primordial que les actions proposées répondent aux besoins et s'inscrivent dans la politique managériale dans un souci de cohérence et de visibilité institutionnelle.

Au total, AG2R LA MONDIALE a inversé le phénomène de valorisation des actions de professionnalisation. Une démarche commerciale consiste à valoriser un dispositif avant son déploiement, pour inciter les managers à le suivre. Pour sa part, la DRH d'AG2R LA MONDIALE n'a jamais cherché à promouvoir ces actions avant leur réalisation. Elle a même cultivé une culture du secret et de la surprise en ne délivrant que peu d'informations sur les dispositifs. En revanche, après coup, elle n'a pas hésité à communiquer sur les résultats des actions de politique managériale.

Cela nous incite à considérer que le déploiement de la politique managériale d'AG2R LA MONDIALE s'est opéré dans une logique de capitalisation des succès *a posteriori*. Le format très expérientiel des « Rencontres du management », par exemple, a été tenu secret certes par prudence, mais aussi pour créer un effet de surprise. Après les premières sessions et leur succès, il a été décidé de capitaliser sur cette action en réalisant un film qui a été diffusé lors de la Convention des managers de fin janvier 2012.

Par « capitaliser », il faut comprendre dresser le bilan de ce qui a fonctionné et communiquer les réussites aux principaux intéressés ainsi qu'à l'ensemble de l'entreprise. C'est une manière de valoriser à la fois les actions et les personnes qui y ont contribué, les managers, mais aussi de diffuser une culture de la réussite et du positif sur un sujet bien souvent traité comme une formalité. Un manager avait d'ailleurs témoigné dans ce sens lors de la Convention annuelle du management de janvier 2012 : « J'ai connu des conventions commerciales quand on sortait un nouveau produit, mais jamais un séminaire de management. C'est un peu comme si c'était la fête des managers ! »

Sur le fond, la capitalisation est assurée par l'archivage des actions de professionnalisation. Il s'agit de garantir le stockage des contenus et leur évolution dans le temps, dans une logique de progrès.

La stabilité des équipes en charge des actions constitue également un principe de fonctionnement que le groupe AG2R LA MONDIALE a maintenu dans le temps afin d'incarner la continuité de ses actions par les hommes et les équipes. La notion de capitalisation se fait systématiquement, mais ce qui est différent est le fait de valoriser et de communiquer massivement et ouvertement sur les succès acquis *a posteriori*. La notion de capitalisation sur les succès constitue un principe qui contribue à la réussite d'une politique managériale.

En résumé

La mise en place d'une politique managériale n'est pas un long fleuve tranquille. La politique managériale se construit en fonction de la stratégie de changement et des populations en place. Le récit des actions concourant à la mise en place d'une politique managériale du groupe AG2R LA MONDIALE montre qu'un tel dispositif ne se crée pas du jour au lendemain, mais sur la **capitalisation de l'existant**. Dans toutes les entreprises, des actions de professionnalisation des managers sont entreprises, mais avec quelle cohérence d'ensemble ? La notion de politique managériale doit être envisagée comme une **réponse à la question de la cohérence d'ensemble et à l'efficacité des actions de professionnalisation**.

La notion de management et le rôle des managers sont au cœur des préoccupations stratégiques, organisationnelles et sociales des entreprises. Et pour cause, les managers sont de plus en plus qualifiés de **clés de voûte des processus de transformation et de recherche de performance**. Pour leur permettre de répondre à ces attentes dans une démarche de développement personnel lié à leurs fonctions, il importe qu'ils soient accompagnés et professionnalisés.

Comme cela a été rappelé tout au long de l'ouvrage, **le management ne s'apprend pas mais se réapprend constamment**, ce qui signifie que les actions de professionnalisation doivent être pensées de manière continue, organisée, cohérente et efficace. D'où l'importance de réfléchir précisément à une politique managériale.

Les modèles de management

Dans un environnement de recherche identitaire et de focalisation sur la réalisation de leur stratégie, les entreprises s'emploient à construire des modèles de management intrinsèques ou bien issus des méthodes de gestion du marché. Véritable outil de gestion, le modèle de management peut devenir un levier de mobilisation de la ligne managériale.

Le modèle de management comme alternative opérationnelle à la stratégie

Le courant appelé « Fabrique de la stratégie[1] » avance l'idée que cette dernière est construite sur le terrain par les acteurs, le dirigeant exerçant une fonction de facilitation et de capitalisation. Pour favoriser cette démarche et réunir les conditions de l'action collective, les entreprises mobilisent des modèles de management à la fois organisants et identitaires.

---

1. Golsorkhi D. (coord.), *La Fabrique de la stratégie : une perspective multidimensionnelle*, Vuibert, 2006.

Il existe un nombre significatif de modèles génériques de management : EFQM (European Foundation for Quality Management), INK (Instituut Nederlandse Kwaliteit), ISO 9000, etc. Tous visent à formaliser de façon rigoureuse le fonctionnement des organisations et les outils de gestion et de recherche de performance. Pour citer cet exemple, les modèles de management Six Sigma et *balance scorecard* (tableau de bord prospectif) prennent en charge certains types de problèmes organisationnels tout en cherchant à mettre en évidence la meilleure voie pour obtenir l'excellence organisationnelle, avec l'idée sous-jacente que l'application des principes qu'ils énoncent devrait conduire à des accroissements de performance.

Cependant, la quête fondamentale de ces modèles de management consiste pour l'essentiel à identifier les moyens gestionnaires les plus appropriés pour atteindre des objectifs.

Un modèle de management pour exprimer une culture gestionnaire

Qu'ils soient acquis sur le marché ou développés de manière inédite en interne, les modèles de management permettent à la fois d'interpréter les problèmes auxquels sont confrontées les organisations et de leur offrir un guide pour l'action.

À côté des modèles génériques et de nature instrumentale, des modèles de management spécifiques peuvent être créés en interne par les organisations sous forme de chartes de principes parfois même déclinées en modalités d'actions.

Dans une étude[1] publiée en 2009, deux chercheurs en gestion montrent que les modèles de management, qu'ils émanent d'entreprises françaises ou étrangères, sont systématiquement articulés autour de quatre dimensions :

- l'implication des individus, dans une logique d'écoute, de reconnaissance et d'accompagnement des salariés ;

---

1. Autissier D., Bensebaa F., *Les Organisations à la recherche de leur modèle de management : une étude exploratoire*, XVIIIe Conférence internationale de management stratégique, Grenoble, 2009.

- l'enjeu de la performance, pour illustrer l'importance qu'il y a pour l'entreprise à s'inscrire dans une courbe de performance économique ;

- l'affichage de valeurs et de principes éthiques, en relation avec l'histoire et la spécificité de l'entreprise ;

- l'expertise métier, pour montrer l'importance de la compétence liée à la réalisation des produits et prestations.

Comment construire un modèle de management ?

L'étude suscitée sur les contenus des modèles de management propose également une grille de construction d'un modèle de management en fonction de la stratégie, du métier et de l'histoire de l'entreprise. Les acteurs s'approprient ensuite le modèle retenu dans leur activité quotidienne.

Exemples d'actions pouvant servir de base à la construction d'un modèle de management

Implication des individus	Rechercher des croyances implicites. Construire des indicateurs d'objectivation des points d'étape. Laisser des zones d'initiatives et d'auto-organisation des acteurs.
Performance	Formaliser les réussites et les échecs. Construire des chaînes de valeur. Bâtir des indicateurs pour objectiver le réel.
Expertise métier	Reconnaissance mutuelle et réciproque des métiers entre eux. Positionnement de la stratégie dans un ensemble métier. Dispositifs de formation innovants et adaptés.
Valeurs et principes	Travail de formalisation des valeurs en relation avec l'histoire. Communication de la stratégie comme étant au service de... Des micro-actions dans le quotidien qui donnent corps aux valeurs et principes.

Le développement d'un modèle de management constitue une opportunité à la fois de déployer des dispositifs de gestion en interne et de revendiquer à l'externe une image en relation avec le contenu et les valeurs de ce même modèle, comme General Electric l'a fait avec le modèle Six Sigma.

De manière opérationnelle, un modèle de management comme support identitaire et opérationnel des managers se résume par la formalisation de plusieurs points.

- **Qui sont les managers ?** Il s'agit de présenter les différentes strates de managers ainsi que leur volumétrie, leurs rôles et leurs missions. Il s'agit en quelque sorte de délivrer la carte d'identité managériale de l'entreprise, avec les éléments signalétiques de cette population.

- **Quelle est la culture managériale de l'entreprise ?** L'histoire, les mythes et les symboles de l'entreprise sont mentionnés de manière générale par une définition de la culture de l'entreprise, mais également de sa culture managériale. Par culture managériale, nous entendons les éléments par lesquels un individu est reconnu en tant que manager par l'entreprise comme par ses homologues et l'ensemble des salariés.

- **Les référentiels de compétences.** Quelles sont les compétences techniques, gestionnaires et comportementales attendues pour chaque strate de managers ? Répondre à ces questions permet d'objectiver les attentes de l'entreprise vis-à-vis de ses managers, mais également de disposer d'un document permettant d'évaluer un manager et de construire ses parcours de progression.

- **Les dispositifs de professionnalisation.** Quels sont les actions, les dispositifs et les ressources proposés aux managers pour travailler et progresser dans leur fonction managériale ? Il peut s'agir d'actions de formation et d'animation, mais aussi de personnes mises à leur disposition – par exemple des chargés de carrière.

Former les managers : entre contenu et communauté de pratiques

Dans le cadre des projets de transformation, les managers de terrain se voient confier l'important rôle de leader du changement. Dans cette optique, nombre d'entreprises s'interrogent sur les modalités de professionnalisation de ces managers au management, en privilégiant les approches dites « expérientielles » à celles de contenus.

L'importance de la formation des managers

Manager de terrain, manager de proximité, manager de première ligne – autant d'appellations pour désigner la catégorie des managers qui encadrent une équipe. C'est par eux que passent les consignes d'application en direction des salariés de terrain.

Dans le cadre des projets de changement et dans un souci de réactivité, cette catégorie de managers a récemment vu croître son importance, de telle manière que les entreprises engagent de nombreux programmes de professionnalisation au management à leur attention. Selon Kotter (1996), le changement s'opère pour deux tiers dans la relation entre les managers de terrain et leurs collaborateurs et pour le tiers restant par les leviers déployés dans les projets, comme la formation ou la communication. Le manager de terrain n'est pas seulement celui qui applique, mais celui qui fait vivre et changer l'organisation. Se pose alors la question de leurs compétences managériales. Est-ce le meilleur technicien qui doit accéder à ce type de poste, la jeune recrue à haut potentiel ou encore celui qui a la plus forte ancienneté ? Ces managers disposent-ils de toutes les clés et compétences mana-gériales pour mener à bien leur triple mission produire – manager – faire changer ?

La dimension opérationnelle de leurs fonctions ainsi que leur part dans l'effectif global, en particulier dans les grandes entreprises, font des managers de terrain un sujet en tant que tel. À l'occa-sion de projets d'entreprise et de grands projets d'organisation, les entreprises initient des programmes de professionnalisation au management pour leurs managers de terrain. Ces dispositifs peuvent cibler des thèmes particuliers (conduite du changement, qualité de vie au travail, risques psychosociaux, etc.) ou rester généralistes, avec deux questions sous-jacentes : qu'est-ce que le management et à quoi les managers doivent-ils être formés ?

Il existe autant de définitions que d'offres commerciales sur le sujet, tant sur le fond que sur la forme. Les compétences mana-gériales sont-elles toujours celles du modèle de Fayol (prévoir – organiser – commander – coordonner – contrôler), dans leur définition initiale et/ou évoluée ? Le développement personnel et les approches psychosociologiques et cognitives accordent-ils plus d'importance aux échanges entre les personnes qu'aux contenus ? Faut-il former ou coacher ? Faut-il opter pour des for-mations présentielles ou expérientielles ? Quelle place donner à l'e-learning et autres serious games ? Autant de questions qu'est amené à se poser tout responsable formation chargé de bâtir un projet de professionnalisation au management.

À quoi et comment former les managers ?

D'une étude conduite par le groupe Bernard Julhiet en 2010 sur l'organisation, le fonctionnement et l'offre des universités d'entreprise, il ressort que 80 % des entreprises du panel considèrent que le traitement des managers opérationnels ne relève pas du périmètre des universités d'entreprise, dont la mission est davantage centrée sur l'encadrement supérieur et les hauts potentiels. Ces mêmes entreprises mentionnent en outre que les managers opérationnels sont en général pris en charge par les services Formation. Dans le même temps, il est paradoxal de constater que 80 % des universités d'entreprise considèrent pour leur part que la professionnalisation des managers de terrain leur revient. Certaines entreprises font d'ailleurs le choix d'intégrer les managers opérationnels dans le périmètre de leur université d'entreprise. D'un point de vue RH et stratégique, ces derniers représentent une cible prioritaire pour la dynamique managériale et sociale de l'entreprise.

Par ailleurs, dans 90 % des entreprises interrogées, les dirigeants considèrent indispensable de construire des dispositifs de professionnalisation spécifiques en vue de créer un réseau de managers. Il ressort de leurs propos que les modèles de formation des managers des entreprises étudiées peuvent être regroupés en plusieurs catégories :

- *les formations catalogues à la demande* : cette catégorie se matérialise par une liste de formations présentielles (en général fournie par des organismes extérieurs), dans laquelle les managers et les RH choisissent des thématiques dans une logique individuelle de carrière et de remerciement. Cette catégorie est la plus fréquente et représente 40 % des pratiques actuelles en matière de professionnalisation des managers de terrain ;

- *les formations catalogues en cursus* : les entreprises concernées définissent des profils de managers en fonction du métier (manager contrôleur, managers de production, manager coordinateur) et proposent des cursus de formation avec des modules par niveau et donnant lieu à une forme d'évaluation ;

■ *les communautés de pratiques* : en complément des catégories précédentes ou en dispositif spécifique, la communauté de pratiques consiste à organiser des moments au cours desquels les personnes échangent sur leurs problématiques, entre elles ou avec un apport de contenus et/ou d'animation. La technique du codéveloppement relève de cette catégorie. Très peu développée, la catégorie des communautés de pratiques ne représente que 10 % des dispositifs de professionnalisation des managers. Cette pratique est le plus souvent mise en œuvre dans une logique *one shot*, sur une période donnée et non de manière structurelle et pérenne ;

■ *le tutorat ou mentorat* : toujours en complément d'autres catégories, ces actions d'accompagnement individuel ou collectif sont assurées par des tuteurs internes et/ou externes. Il peut s'agir de coaching ou de tutorat dispensé par une personne plus expérimentée, en mode conseil et écoute. Cette forme, quoique souvent mentionnée comme répondant à un souhait, n'est développée que par 10 % des entreprises interrogées en raison de la difficulté à la déployer à un nombre important de managers. Le plus souvent, il s'agit d'ailleurs d'une démarche individuelle.

Les thèmes les plus souvent mentionnés dans les programmes de formation des managers sont le développement personnel (connaissance de soi et accomplissement personnel, etc.), les techniques de gestion (finances, comptabilité contrôle, marketing, commercial, ressources humaines, etc.), les techniques de management (communication d'équipe, leadership, gestion des conflits, gestion des affects, etc.) et l'apprentissage des langues.

Animation des managers avec les réseaux apprenants

Un manager a-t-il plus à apprendre du récit de ses pratiques et de celles des autres que d'ouvrages en management ? Sans antagonisme entre l'expérience et la théorie, les réseaux apprenants proposent des formats d'échanges sur les pratiques en mobilisant, le cas échéant, des grilles de lecture théoriques. Ils constituent une nouvelle forme d'apprentissage, perçue comme une alternative aux formations dites de contenus.

Apprendre autrement

La technique du codéveloppement mais également l'émergence d'organisations comme SOL (Society for Organizational Learning)[1]

---

1. Société pour l'organisation apprenante, *http://www.solfrance.org*.

illustrent l'intérêt croissant pour des formes d'apprentissage fondées sur les échanges interpersonnels au détriment des formations de contenus construites de la relation d'un sachant aux stagiaires béotiens.

Les réseaux apprenants sont une manière de former les personnes entre elles, à partir d'échanges, du récit de leurs pratiques et des problèmes qu'elles rencontrent. Les participants livrent des récits de pratiques et proposent des améliorations et des solutions dans une logique de coconstruction collective d'un savoir qui n'existe que peu dans les livres et essentiellement dans les relations entre les personnes. Ils se définissent par leur périmètre (une entreprise, un métier, un niveau d'encadrement), la périodicité et le format des rencontres. Ce dernier point est le plus important, car les réseaux apprenants sont principalement des méthodes d'animation qui permettent l'échange libre et la coconstruction dans le respect des participants.

Par exemple, dans le cadre du codéveloppement, une personne expose son problème à des collègues qui jouent le rôle de consultants pour l'amener à argumenter plus avant et à identifier des solutions. SOL France propose ainsi des formats dénommés « tables prenantes », ou *world café*. De façon générale, cette association met à disposition des formats d'opérationnalisation des réseaux apprenants en relation avec les travaux de l'Américain Peter Senge.

Sur des thèmes comme le management, les formations de contenus présentielles finissent souvent par s'essouffler. De nombreux contenus ont déjà été présentés aux stagiaires au cours des formations qu'ils ont suivies, notamment dans le cadre de leur cursus académique. Les modèles théoriques mille fois rabâchés, comme le modèle de la motivation de Maslow ou encore les cinq forces de Porter, ne sauraient se suffire à eux-mêmes dans des environnements où les salariés doivent capter des ressources d'action et non des concepts vieillissants. De plus en plus d'ailleurs, les acteurs d'une organisation désirent échanger sur leurs pratiques et leurs problèmes, de façon méthodologique pour éviter une cacophonie chronophage. Une grille de lecture du réel est élaborée au regard des enjeux qu'ils identifient comme les concernant directement.

De ce fait, la notion de réseaux apprenants émerge comme une technique de formation à part entière, en accord avec les attentes des managers.

Il n'existe pas à proprement parler de modèle ou de théorie des réseaux apprenants. Cela étant, différents travaux de recherche abordent directement ce sujet. C'est en particulier le cas des travaux sur les communautés de pratiques. Le concept de réseaux apprenants provient de la littérature de l'organisation apprenante, notamment au travers des travaux de Peter Senge[1]. Un réseau apprenant, ce sont des moments dédiés aux échanges au cours desquels les participants s'enrichissent mutuellement par le récit de leurs pratiques et l'analyse de leurs difficultés. Mais c'est aussi une formidable occasion pour que les personnes se découvrent et créent des liens qui participeront à la cohésion du groupe et à l'esprit communautariste. Ainsi, dans le cadre du dispositif de réseau apprenant mis en place dans une entreprise, il était demandé aux participants lors de la dernière rencontre de remplir un document désignant les cinq personnes avec lesquelles ils entendaient continuer à échanger par la suite.

En outre, si les réseaux apprenants s'initient très souvent d'abord par des rencontres physiques, les échanges peuvent ensuite se poursuivre grâce aux technologies numériques comme les réseaux sociaux, les blogs, le *tchat* ou encore Twitter.

Le codéveloppement : une nouvelle manière d'apprendre et de créer des groupes

Initialement développé par Adrien Payette, chercheur en sciences sociales québécois, le codéveloppement constitue une alternative intéressante aux démarches classiques de formation. En préconisant que le management s'apprend plus par la pratique que la théorie, il propose une méthodologie d'animation de groupes d'apprentissage.

---

1. Senge P., *La Cinquième Discipline*, Paris, First, 1991.

Dans leur ouvrage[1], Payette et Champagne définissent le groupe de codéveloppement comme « une approche de formation qui mise sur le groupe et sur les interactions entre les participants pour favoriser l'atteinte de l'objectif fondamental : améliorer la pratique professionnelle. La notion de codéveloppement englobe les idées d'apprentissage, de perfectionnement, de recherche d'une meilleure maîtrise du métier, d'amélioration des compétences [...][2] ».

Ainsi, le groupe de codéveloppement est une démarche structurée, orientée vers la résolution de problèmes collectifs par le biais de jeux de rôles. Le principe consiste à ce qu'un groupe de personnes se réunisse et échange autour d'un problème et/ou d'une interrogation. Celui qui présente la problématique à traiter joue le rôle du client, tandis que les autres participants jouent celui de consultants dont l'objectif est d'aider le client à bien définir sa problématique, à l'expliquer et à proposer des pistes d'actions. L'un des participants peut également jouer le rôle d'animateur et veiller au bon fonctionnement des séances afin que chacun reste dans son rôle et que la finalité poursuivie (amélioration de la pratique professionnelle) soit atteinte.

Les objectifs de cette démarche peuvent se résumer ainsi :

- apprendre à être plus efficace ;
- comprendre et tenter de formaliser des modèles de fonctionnement ;
- prendre un temps de réflexion ;
- appartenir à un groupe d'appartenance ;
- consolider l'identité professionnelle ;
- apprendre à aider et être aidé ;
- savourer le plaisir d'apprendre.

Les auteurs de la méthode du codéveloppement retiennent les principes suivants :

- la pratique a des savoirs que la science ne produit pas ;

---

1. Payette A. et Champagne C., *Le Groupe de codéveloppement professionnel*, PU Québec, 2005.
2. *Ibid.*, p. 8.

- apprendre une pratique professionnelle, c'est apprendre à agir ;

- échanger avec d'autres sur ses expériences permet des apprentissages impossibles autrement ;

- le praticien en action est une personne unique dans une situation unique ;

- la subjectivité de l'acteur est aussi importante que l'objectivité de la situation ;

- le travail sur l'identité professionnelle est au cœur du codéveloppement.

Les six étapes du codéveloppement ainsi que les rôles du client et des consultants peuvent être résumés comme dans le tableau ci-dessous.

Six étapes pour apprendre des autres et de soi-même

Étapes	Rôle du client	Rôle des consultants
Étape 1 : exposé du sujet en problématique	Argumenter en objectivant et comprendre pourquoi le sujet pose problème.	Écouter et analyser la demande en détectant les non-dits.
Étape 2 : clarification de la problématique	Distinguer les faits objectifs de la posture comportementale et des biais de perception du client. Proposer des chaînes causales d'explication et tester leur robustesse.	Ramener le client sur les faits et intégrer ces derniers dans des chaînes causes/conséquences.
Étape 3 : le contrat de consultation	Formuler une synthèse de la situation et de la demande.	Reformuler la synthèse pour bien s'entendre sur le sujet et la demande.
Étape 4 : réactions, commentaires, suggestions et pratiques des consultants	Recevoir les avis et propositions des consultants. Savoir gérer les remarques même désobligeantes et garder le cap des échanges pour que ces derniers soient profitables.	Formuler des remarques, suggestions et possibilités au client sans le blesser, tout en analysant pourquoi et comment elles lui sont adressées. Il s'agit pour le consultant de distinguer dans l'échange ce qui relève de son intérêt et de l'intérêt de l'autre.

Étapes	Rôle du client	Rôle des consultants
Étape 5 : synthèse et plan d'action	Recueillir des informations disparates et les structurer de manière à ce qu'elles permettent la formalisation d'actions.	Orienter la réflexion vers des actions adaptées au client, qu'il sera en mesure de réaliser.
Étape 6 : conclusion, évaluation et intégration des apprentissages par chacun	Comprendre ce qui a été fait pendant l'échange et ce qui a conditionné l'action.	Commenter le résultat obtenu et le comportement des uns et des autres.

Selon Payette et Champagne, la compétence managériale s'acquiert plus par la pratique que par la théorie, même si cette dernière fournit des modèles constituant des grilles de lecture du réel. Ils parlent de « modèle du réel » par opposition aux pédagogies déductives qu'ils caractérisent de « force attractive de l'idéal ».

Les enquêtes sociales : un carottage dans le ressenti des salariés

Depuis quelques années, les entreprises conduisent des enquêtes pour évaluer leur climat social et mesurer le ressenti du personnel. Initialement effectuées dans les grands groupes et de manière institutionnelle, ces études tendent à se généraliser et à devenir de véritables outils de management.

Les enquêtes sociales

Pour mieux connaître les attentes des salariés, les ressources humaines effectuent des enquêtes auprès d'eux. Une enquête sociale est un questionnaire adressé à tous les salariés d'une entreprise ou à un échantillon représentatif, pour évaluer leur ressenti à l'égard du fonctionnement de l'entreprise. En fonction des questions proposées, l'enquête est plus ou moins exhaustive et orientée sur certains points. En règle générale ces enquêtes sont annuelles ou bisannuelles et traitent :

- du management ;
- de la communication ;
- de l'environnement de travail ;
- des changements en cours ;
- de la motivation ;
- de la diffusion de la stratégie.

Ces six thèmes génériques peuvent être déclinés ou amendés en fonction de la situation de l'entreprise. Les organismes qui réalisent ces enquêtes élaborent d'ailleurs un questionnaire adapté à chaque entreprise.

En fonction des budgets alloués par les entreprises, les questionnaires sont adressés aux salariés qui les remplissent eux-mêmes sur leur ordinateur *via* leur navigateur Internet, ou sont saisis par des téléopérateurs qui interrogent les salariés. La première solution tend à se généraliser et permet une forte réactivité à condition que les salariés soient équipés informatiquement et qu'ils aient la compétence minimum pour accéder à un formulaire sur un site Internet.

Les questions sont en général fermées et se présentent sous la forme d'un questionnaire à choix multiples (QCM). Pour obtenir des données qualitatives, il convient d'intégrer quelques questions ouvertes permettant aux salariés de verbaliser leur ressenti avec leurs propres mots. En général, deux ou trois questions clés permettent d'appréhender le climat social de l'entreprise : êtes-vous fier de travailler pour votre entreprise ? Recommanderiez-vous votre entreprise à l'un de vos proches ? Peuvent également être posées des questions plus spécifiques, comme : « Pensez-vous que la fusion avec l'entreprise X s'est bien passée ? »

Quelques exemples de questions

Les réponses proposées sont toujours identiques, soit « oui toujours », « oui parfois », « non rarement » et « non pas du tout ».

Management : la qualité du management mesure la satisfaction que les salariés ont de leur supérieur hiérarchique direct et de l'ensemble de la ligne hiérarchique. Questions : « Votre supérieur hiérarchique vous donne-t-il les moyens de progresser ? Votre mission et votre activité sont-elles clairement explicitées ? »

Motivation : il s'agit de favoriser l'expression de l'engagement des salariés lorsqu'ils sont satisfaits de leur travail, des conditions de leur activité et des différentes rétributions qu'ils perçoivent en échange de leur travail. Elle permet de mesurer l'attraction de l'entreprise et de la représentation qu'ont les salariés de son projet. Questions : « Avez-vous le sentiment d'être reconnu par rapport au travail que vous réalisez ? Connaissez-vous les valeurs de l'entreprise ? »

Communication : les questions de ce thème ont pour objectif d'évaluer la performance des dispositifs de communication et de voir si ces derniers jouent pleinement leur rôle de coordination. Questions : « Êtes-vous informé(e) sur le présent et le futur de l'entreprise ? La communication entre services est-elle bonne ? »

Les changements : il s'agit de mesurer la connaissance et l'adhésion des salariés aux grands projets de changement que l'entreprise vit, ou a vécu. Questions : « Selon vous les grands projets de l'entreprise sont-ils pertinents ? Les projets de changements créent-ils des problèmes néfastes au fonctionnement de l'entreprise ? »

La stratégie : pour évaluer l'état de connaissance, de compréhension et de mise en œuvre de la stratégie de l'entreprise auprès des salariés. Questions : « Selon vous l'entreprise a-t-elle une stratégie claire pour l'avenir ? Parlez-vous de la stratégie de l'entreprise avec vos collègues ? »

L'environnement de travail : ce thème vise à interroger les salariés sur leurs conditions de travail tant matérielles qu'en termes de rémunération. Questions : « Pensez-vous travailler dans de bonnes conditions matérielles ? Votre rémunération vous semble-t-elle juste ? »

Bien interpréter les résultats

Ces enquêtes portent différents noms en fonction des entreprises : baromètre social, enquête sociale, enquête de climat social, managemètre, enquête du personnel, enquête de satisfaction du personnel, etc. Leurs résultats sont certes importants en tant que tels, mais c'est surtout leur évolution dans le temps qui constitue une base intéressante à analyser pour évaluer la qualité des transformations mises en place.

À titre d'exemple, une entreprise administre une fois par an trente questions fermées pour obtenir un indicateur pour chacune des six catégories. Elle calcule ensuite la moyenne de ces six indicateurs pour obtenir un indicateur global de satisfaction du personnel, qui est intégré au tableau de bord stratégique de l'entreprise.

Ces enquêtes sont essentiellement quantitatives et présentent plusieurs limites dont il faut tenir compte dans leur interprétation. D'une part, les salariés, craignant que leurs réponses ne soient identifiées, ont tendance à répondre en fonction de ce qu'ils croient que leur responsable attend d'eux. Ensuite, le nombre de possibilités de réponses proposées n'est pas sans influence sur les réponses. Ainsi, un questionnaire avec cinq possibilités de réponses obtiendra des réponses plus moyennes qu'un questionnaire avec quatre propositions, contraignant l'interviewé à s'engager dans le « plutôt oui » ou « plutôt non ».

Une autre limite à souligner réside dans l'échantillonnage et sa représentativité. Certaines populations minoritaires mais très influentes risquent d'être sous-estimées dans l'approche quantitative. Les résultats d'une enquête peuvent également varier en fonction du moment de la journée, de la semaine et du contexte externe jouant sur le moral des salariés. Pour éviter ce biais, il est conseillé de conduire l'enquête sur une période de deux à quatre semaines, pour permettre aux personnes sollicitées de répondre à différents moments. En outre, un événement externe, comme l'annonce d'une fusion ou de résultats commerciaux, peut lui aussi modifier la perception des individus et la qualité de l'enquête. Pour traiter tous ces biais, il n'est pas rare de retraiter les résultats, à l'instar de ce qui est opéré dans les enquêtes d'opinion. Quoi qu'il en soit, les tendances sont en général très visibles et permettent aux managers de formaliser ce que pensent et attendent les salariés du fonctionnement de l'entreprise.

En complément des enquêtes quantitatives, il est également conseillé de réaliser des entretiens qualitatifs, qui consistent à interviewer quelques personnes sur les thèmes de l'enquête et de procéder à une analyse des *verbatim*.

Comprendre les salariés et leurs attentes est devenu un enjeu de management très fort. Les enquêtes permettent d'objectiver les ressentis de telle manière que cela oblige les managers à en tenir compte et, surtout, à proposer des actions concrètes pour traiter des problèmes soulevés. Même s'il convient de rester vigilant face aux écueils potentiels et de savoir prendre les précautions nécessaires, les enquêtes sociales tendent à se généraliser comme instruments de gestion, au même titre que les budgets et les tableaux de bord.

Le marketing RH pour développer la marque employeur

Dans l'objectif d'attirer des candidats et de retenir les salariés, le marketing RH développe la notoriété de ce que l'on appelle désormais « l'image employeur ». En mobilisant différentes techniques de marketing et de communication, les ressources humaines construisent des plans dits de « marketing RH ».

Séduire pour recruter

Le DRH du groupe ACCOR, Pierre Liger, a également pour titre « directeur du marketing interne ». Dans l'ouvrage qu'il a publié en 2004[1], il avance que les ressources humaines doivent puiser

---

1. Liger P., *Le Marketing RH*, Paris, Dunod, 2004.

dans les techniques du marketing pour réaliser leurs missions de captation et de préservation des profils individuels.

Les salariés sont-ils fiers de travailler pour leur entreprise ? Le sont-ils de telle manière qu'ils le revendiquent et font du prosélytisme ? Tout comme la marque est un actif immatériel pour l'entreprise et un moyen de différenciation, l'image employeur constitue de plus en plus un avantage concurrentiel pour attirer les meilleurs talents. La recherche d'expertise, les départs en retraite des baby-boomers, le coût des processus de recrutement et les coûts cachés des démissions sont autant d'éléments qui amènent les entreprises à travailler la notoriété de leur image employeur.

Certaines entreprises, à tort ou à raison, ont une mauvaise image employeur. C'est notamment le cas des sociétés d'ingénierie informatique (SSII). Leur activité, leur métier ou leur fonctionnement ne sont pas en adéquation avec les attentes des jeunes diplômés et, plus généralement, des personnes en recherche d'emploi. L'un des moyens d'évaluation de l'image employeur consiste à demander à un échantillon de personnes susceptibles de présenter leur candidature à une entreprise si elles le feraient. Les réponses permettent de déterminer le taux d'attractivité de l'entreprise. Un taux d'attractivité fort n'est pas naturel et nécessite des attitudes et des actions spécifiques appelées marketing RH.

Le salarié au cœur de toutes les attentions

Toujours dans l'objectif d'attirer les talents et de les conserver, le marketing RH confère un nouveau rôle au salarié : celui de client. Cette approche amène les entreprises à déployer des actions de séduction organisées comme un plan de marketing. Liger préconise de développer une marque employeur destinée à être exploitée aussi bien en interne qu'en externe. Cela se matérialise par un plan marketing en quatre phases :

- définition d'une stratégie employeur qui donne les besoins de l'entreprise en matière de compétences et de recrutement. La stratégie peut également donner des orientations quant à la notoriété de l'image employeur et vouloir développer celle-ci, tant pour les recrutements futurs que d'un point de vue institutionnel ;

- réalisation d'un bilan d'attractivité employeur en interviewant des personnes en interne et en externe. Il s'agit de déterminer le taux d'attractivité et les facteurs de cette attractivité, ou le taux de non-attractivité le cas échéant ;

- mise en œuvre d'un plan d'action par cible. Chaque cible est positionnée en termes de priorités. Des actions de communication sont réalisées pour l'externe et des services sont proposés pour l'interne ;

- évaluation de l'image employeur dans le cadre d'une notation sociale effectuée par des agences spécialisées en rating social. Cet indicateur peut même être intégré dans les outils de pilotage de l'entreprise et les contrats de gestion des dirigeants.

Le marketing RH participe au mouvement de valorisation d'image d'une organisation en permettant aux managers de se sentir valorisés et d'avoir un argument supplémentaire à donner à leurs collaborateurs.

La GPEC : la compétence au cœur des préoccupations managériales

Dispositif de gestion prévisionnelle de l'emploi et des compétences, la GPEC constitue une réponse aux besoins et aux attentes des entreprises comme des salariés. En formalisant les métiers, les postes et les compétences, elle dynamise les actions de formation, de recrutement et de gestion des carrières.

Formaliser les métiers, les postes et les compétences

Le dispositif de GPEC résulte d'un travail de formalisation qui consiste à écrire les référentiels des métiers, des postes et des compétences. Ces référentiels ainsi établis sont ensuite mobilisés pour le recrutement, l'évaluation des salariés et la gestion de leur formation, afin de constituer ce que l'on appelle le management par les compétences. Une GPEC consiste à faire correspondre les compétences des salariés avec les besoins actuels et futurs de l'entreprise, en spécifiant les compétences critiques sur lesquelles l'entreprise construit son avantage concurrentiel.

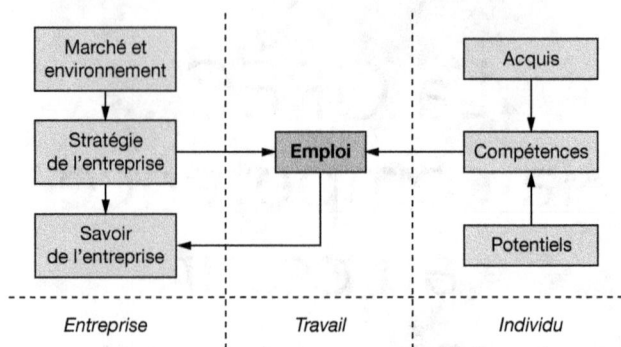

Le dispositif GPEC

Est-ce la personne qui fait l'emploi, ou l'emploi qui détermine la personne que l'on va embaucher ? La vérité se situe entre ces deux propositions. L'accélération des processus de recrutement et leur industrialisation obligent les responsables des ressources humaines à formaliser les métiers, les postes et les compétences pour faire correspondre les attentes de l'entreprise et les propositions des individus.

De manière concrète, la GPEC se matérialise par :

- la création d'un référentiel des métiers et des compétences ;
- le bilan des ressources disponibles à partir des fiches de poste ;
- la formalisation des besoins de l'entreprise dans le futur ;
- l'analyse des écarts entre les besoins et les compétences existantes, et les actions pour gérer ces écarts.

Le référentiel des compétences est constitué de trois types de savoirs :

- les savoirs techniques ;

- les savoirs comportementaux ;

- les savoirs métiers, auxquels sont associées des compétences.

Les compétences techniques regroupent à la fois les savoirs et les savoir-faire. Elles déterminent les principales techniques à maîtriser pour l'accomplissement des activités du poste.

Les compétences comportementales sont les savoir être. Les tendances actuelles insistent sur la dimension relationnelle, mais également sur la capacité à opérer dans un environnement complexe et contraint avec le souci de communiquer.

Les compétences métiers correspondent à une bonne connaissance de l'environnement de l'entreprise : son métier, son *business model*, ses valeurs, ses produits, ses clients.

Les fiches de poste sont au cœur des dispositifs de GPEC. Elles définissent ce que chaque salarié réalise de manière concrète et réelle.

Les référentiels et les fiches de poste servent à définir, en fonction des besoins de l'entreprise, une organisation cible (effectifs cibles, métiers cibles, compétences requises, indicateurs de performance) et un schéma directeur pour y parvenir (recrutement, formation, rémunérations, qualifications et classification, entretiens d'évaluation, temps et conditions de travail, relations sociales, information et communication).

Le dispositif GPEC peut être utilisé par les managers pour réaliser les entretiens d'évaluation annuelle, mais il peut aussi être exploité avec les salariés pour construire leur parcours de formation.

La gestion des talents

En période de mutation, le talent est une ressource rare car il fait l'objet d'une intense concurrence. Il est donc primordial de le conserver et de le développer, dans une logique de performance. Le manager est doublement concerné en tant que talent lui-même, mais également en tant que gestionnaire du talent de ses collaborateurs.

Le talent : un objet à gérer

Le talent est un terme positif qui signifie des capacités, des habiletés et des savoir-faire. C'est une capacité à faire qui se matérialise dans des pratiques et se contrôle au travers de résultats obtenus. Dans une logique de gestion, le talent est perçu comme rare dans la mesure où seules quelques personnes en sont dotées. L'objectif de la gestion des talents consiste donc à repérer (en interne et/ou externe) les talents et à les gérer au quotidien de manière à ce qu'ils s'expriment et se développent. Dans leur ouvrage[1], Thévenet et Dejoux proposent de définir le talent par rapport aux autres éléments qui décrivent l'activité humaine, *via* le modèle AQCT (aptitude, qualification, compétence, talent).

---

1. Thévenet M. et Dejoux C., *Gestion des talents*, Paris, Dunod, 2011.

	Unité d'analyse	Méthodologie
Aptitude	La tâche	Listes des tâches
Qualification	Le poste	Description de postes
Compétence	Savoir, savoir-faire et savoir être	Référentiel
Talent	Compétences et combinaisons de compétences rares	Repérage des profils

L'aptitude est la capacité d'une personne à accomplir une tâche donnée à partir d'une expérience et d'un savoir-faire, de manière individuelle et non formalisée.

La qualification définit des aptitudes selon des critères communs pour créer des classes et des référentiels. Elle traite essentiellement des savoirs et des savoir-faire.

Les compétences traitent les savoirs, les savoir-faire et les savoir être présents et attendus de manière standard sous la forme de référentiel, mais aussi de manière individuelle.

Le talent est un potentiel rare qu'une personne s'est construit et qui lui permet de faire plus et mieux que ce qu'elle en fait à un moment donné.

Thévenet et Dejoux proposent également le processus de gestion des talents suivant.

Phases	Outils
Attirer les talents	La marque employeur Identification des besoins de talents au regard de l'existant et du futur souhaité dans le plan de personnel et le plan de recrutement
Recruter les talents	Avoir un réseau pour trouver les talents Proposer des dispositifs de recrutement innovant
Retenir les talents	Faire un entretien annuel d'évaluation de qualité et proposer des projets professionnels

Phases	Outils
Développer les talents	Généraliser la pratique de la revue de personnel
Reconnaître les talents	Reconnaissance collective et rémunération individualisée
Comparer les talents	Disposer d'éléments objectifs sur la volumétrie des talents et leur capacité

Le talent : la ressource rare des entreprises

En 2007, une trentaine de spécialistes du management ont dressé un état de l'art des pratiques managériales[1]. Il en ressort qu'aucune grande nouveauté n'est à noter depuis Taylor (organisation fonctionnelle et performance) et Weber (organisation hiérarchique, contrôle/pouvoir). La crise financière, commencée en 2008, remet en cause trois fondements du management :

- le principe de la reproduction (reproduire ce qui existe dans l'organisation, comme le budget ou les métiers) ;
- le principe de mécanisation ;
- le principe d'imitation (rechercher la bonne stratégie, le bon modèle, etc.).

Cette remise en cause met en lumière le besoin croissant de talents pour les organisations. En effet, il ne suffira plus de suivre les marchés, mais il faudra les créer, les inventer.

Les entreprises tentent de plus en plus de mobiliser des groupes de personnes en mode projet, pour des résultats pas toujours à la hauteur des objectifs attendus. Leavitt et Lipman-Blumsen[2] l'analysent à travers l'étude des groupes projets réputés ayant

---

1. Hamel G., « Moon Shots for Management », *Harvard Business Review*, vol. 87, n° 2, 2009, p. 91-98.
2. Lipman-Blumen J., Leavitt H., *Hot Groups : Seeding Them, Feeding Them to Ignite Your Organization*, Oxford, Oxford University Press, 1999.

du talent en raison de leurs résultats. Appelés *hot groups*, ils travaillent avec peu de règles organisationnelles. Ils sont orientés vers les tâches et résultats, dans une logique de réalisation individuelle. Dans la même ligne, Gratton[1] parle de *hot spots* pour définir des organisations caractérisées par de l'enthousiasme, de la créativité, de la facilité à collaborer et de la tension positive.

---

1. Gratton L., *Hot Spots : Why Some Companies Buzz With Energy and Innovation and Other Don't*, Upper Saddle River, Financial Times- Prentice Hall, 2007.

Table des matières